C.H.BECK ■ WISSEN

in der Beck'schen Reihe

Der Deutsche Bund steht historisch zwischen dem Heiligen Römischen Reich deutscher Nation und dem deutschen Kaiserreich von 1870/71. Zwischen 1815 und 1866 sicherte er Frieden und Entwicklung in Europa. Dennoch spielt er im historischen Bewusstsein der Deutschen kaum eine Rolle. Trotz seiner Schwächen und Defizite ist es an der Zeit, ihn gerechter zu beurteilen. Wolf D. Gruner bettet die Geschichte des Deutschen Bundes in die europäischen Zusammenhänge ein, zeigt, dass er mit seiner föderativen Organisation ein geeignetes Band für die deutsche Nation darstellte und verdeutlicht, dass die deutsche Geschichte keineswegs zwangsläufig auf die Gründung eines Nationalstaates hinauslief.

Wolf D. Gruner ist Professor für Europäische Geschichte und Jean Monnet Professor für Europäische Integrationsgeschichte an der Universität Rostock. Bei C.H. Beck ist von ihm lieferbar: *Europa-Lexikon* (2. Aufl. 2007).

Wolf D. Gruner

DER DEUTSCHE BUND

1815–1866

Verlag C.H.Beck

Mit 2 Karten (gefertigt von Peter Palm, Berlin)
und einem Schaubild

Originalausgabe
© Verlag C.H.Beck oHG, München 2012
Satz: Fotosatz Amann, Aichstetten
Druck und Bindung: Druckerei C.H.Beck, Nördlingen
Umschlagentwurf: Uwe Göbel, München
Umschlagbild: Wappen des Deutschen Bundes © Wikipedia
Printed in Germany
ISBN 978 3 406 58795 5

www.beck.de

Inhalt

Für Heide

I. «Oh Bund! Du Hund! Du bist nicht gesund»? – Eine Einführung

Der Deutsche Bund als föderatives «Band der deutschen Nation» und als Organisationsform des «deutschen Mitteleuropa» (Helmut Rumpler) zwischen 1815 und 1866 wurde 1815 auf dem Wiener Kongress als Nachfolgeorganisation für das 1806 aufgelöste Heilige Römische Reich deutscher Nation gegründet. Er ist heute eine vergessene und verdrängte Form deutscher Staatlichkeit im 19. Jahrhundert. Im historischen Gedächtnis dieses Raumes ist der Deutsche Bund praktisch nicht mehr präsent.

Otto von Bismarck, seit dem Frühjahr 1851 preußischer Gesandter in der Bundesversammlung, beklagte sich in seiner Privatkorrespondenz immer wieder, dass es in Frankfurt «grässlich langweilig» sei, dass seine Berichte in «Berlin kein Echo oder Resultat» fänden, dass die Bundestagsgesandten sich mit «lauter Lappalien» quälten, alle mit Wasser kochten, aber «eine solche nüchterne einfältige Wassersuppe, in der auch nicht ein einziges Fettauge von Hammeltalg zu spüren ist». Er mache «reißende Fortschritte» in der «Kunst mit vielen Worten gar nichts zu sagen» und schreibe Berichte, «die sich rund und nett wie Leitartikel lesen». In den Sitzungen der Bundesversammlung müsse er «ganz unglaublich langweiligen» Vorträgen zuhören: »Ich gewöhne mich daran», schrieb er im Dezember 1853 an seine Schwester Melle und schmeichelte sich, «den Bund allmählich mit Erfolg zum Bewußtsein seines Nichts zu bringen nicht unerheblich beigetragen zu haben […] Das bekannte Lied von Heine, oh Bund, du Hund, du bist nicht gesund […] wird bald durch einstimmigen Beschluß zum Nationalliede der Teutschen erhoben werden.»

Das vernichtende Urteil Bismarcks über den Deutschen Bund, der sich als Bundestagsgesandter in Berlin zu wenig wahrgenommen fühlte, der die langen Entscheidungsprozesse, die Unfähigkeit, Eitelkeit, Ignoranz, Inkompetenz und Vergreisung der anderen Bundestagsgesandten beklagte, diente lange dazu, den Deutschen Bund als Intermezzo und gescheiterte Form deutscher Staatlichkeit, als Hort von Partikularismus und Separatismus zu stigmatisieren. Der Deutsche Bund sei von Anbeginn ein ungeeignetes Band der deutschen Nation gewesen, zu keiner positiven Entwicklung fähig. Sicherlich spielten hierbei das Denken in nationalstaatlichen Kategorien sowie die Gründung des deutschen Kaiserreiches von 1871 und das Bedürfnis, das preußisch-kleindeutsche Kaiserreich historisch zu legitimieren, eine gewichtige Rolle. Zudem wurde die Nationsidee im langen 19. Jahrhundert zum erstrangigen europäischen Gestaltungsprinzip, von einem Eliten- zu einem Massenprojekt. Das Zusammenleben der Nation im nationalen Staat wurde als die einzig sinnvolle Form der Organisation von menschlichen Großgruppen angesehen. So konnte die Nationsidee bis 1945 auch alle Überlegungen und Konzepte, die Einheit Europas durch einen europäischen Völkerbund zu schaffen und die internationalen Beziehungen auf neue, den Frieden sichernde Grundlagen zu stellen, verdrängen. Erst der Untergang des kleindeutschen Nationalstaates in der Katastrophe des Zweiten Weltkrieges machte den Blick frei für eine differenzierte Betrachtung und Bewertung der deutschen Geschichte zwischen 1789 und 1871. Die Erfahrungen Europas mit den Nationalstaaten und ihren blutigen Zusammenstößen in zwei Weltkriegen erneuerten das Interesse an einer föderativen Organisation des Zusammenlebens von Nationen. Vergessene Formen von Staatlichkeit, die vielfach im 18. und 19. Jahrhundert als europäische Einigungsmodelle vorgeschlagen worden waren – zu ihnen zählten das Heilige Römische Reich deutscher Nation und der Deutsche Bund –, wurden wiederentdeckt.

In den Dekaden nach dem Zweiten Weltkrieg veränderte sich auch die historische Forschungslandschaft. Neue Fragen und Methoden sowie komplexere und erweiterte Ansätze ließen schließlich eine deutsche und europäische Geschichte jenseits des Nationalstaats sichtbar werden und ermöglichten eine neue

Betrachtung des Deutschen Bundes. Erhellend ist in diesem Zusammenhang eine Feststellung des amerikanischen Historikers
James Sheehan, wenn er mit Blick auf die deutsche Geschichte
meinte, dass unsere deutsche Gegenwart «eine eigene Legitimi-
tät besitzt, die nicht aus ihrem Bezug zum deutschen Kaiserreich
herrührt, sondern vielmehr aus ihrer Stellung in einer breiteren
Tradition. Die deutsche Gegenwart ist nicht ein Postskriptum
zur Vergangenheit des Kaiserreichs; sie ist ein neues Kapitel in
einer viel älteren Geschichte.» Eine Geschichte des Deutschen
Bundes leistet einen Beitrag in diesem Sinne. Sie ebnet den Weg
zur notwendigen und längst überfälligen Föderalisierung der
deutschen Geschichte und vernetzt diese europäisch.

Der Deutsche Bund konnte und wollte kein Nationalstaat,
kein nationaler Einheitsstaat sein. Er sollte nach dem Ende des
Heiligen Römischen Reiches deutscher Nation eine Organisationsform für dessen Gebiete schaffen, die der staatlichen Vielfalt
dieses Raumes Ausdruck gab und am besten den historischen
Traditionen der einzelnen deutschen Geschichtslandschaften
entsprach. Eine Darstellung seiner Geschichte muss daher stets
verschiedene, eng miteinander verknüpfte Betrachtungsebenen
berücksichtigen. Nur so kann ein ausgewogenes Bild des Deutschen Bundes als föderative Form von Staatlichkeit im deutschen Mitteleuropa entstehen. Neben der deutschen Ebene – repräsentiert durch die Frankfurter Bundesversammlung sowie
zwischenzeitlich durch die Nationalversammlung in der Frankfurter Paulskirche und die Provisorische Reichsgewalt – ist die
einzelstaatliche Ebene der großen, mittleren und kleinen Bundesglieder mit ihren Interessen und Zielen von grundlegender
Bedeutung. Dort entschieden sich die Handlungsspielräume des
Bundes – ob es Reform oder Stillstand gab, ob es zur Angleichung und Vereinheitlichung einzelstaatlicher Gesetzgebungen
im Bund kam, ob zentralisierende Schritte eingeleitet werden
konnten oder die einzelstaatliche Souveränität erhalten wurde.
Durch den doppelten Gründungsauftrag des Deutschen Bundes
von 1815, als «Centralstaat» und als europäischer «Friedensstaat» die Sicherheit und Unabhängigkeit Deutschlands und die
Ruhe und das Gleichgewicht Europas zu wahren, kommt zu-

dem die europäische Ebene in den Blick. Diese begleitete den
Deutschen Bund seit seiner Gründung. Sie beeinflusste die Entwicklung des Bundes, doch ebenso wirkte die Bundespolitik auf
das europäische Umfeld zurück.

Den Bund über ein Mehrebenensystem darzustellen, hat den
Vorteil, dass die verlorengegangene multidimensionale Komplexität deutscher Geschichte auf dem Weg vom Alten Europa
zum Europa der Moderne wieder sichtbar wird. Dabei kommt
zum einen die Frage nach der historischen Verankerung föderativer Ordnungsmodelle wieder in den Blick. Diese treten uns
in den Diskussionen über den Charakter und die Form der
Nachfolgeorganisation für das Alte Reich zwischen 1813 und
1815 entgegen. Sie spielten aber ebenso bei der Ausgestaltung
einer Bundeskriegsverfassung eine Rolle wie in den die Geschichte des Bundes zwischen 1830 und 1866 begleitenden
Bundesreformdiskussionen. In der europäischen Revolutionszeit 1848/49 mit ihrer gescheiterten deutschen Nationalstaatsgründung trat die Frage nach der Organisationsform deutscher
Staatlichkeit zwischen unitarischen und föderativen Staatsmo-
dellen zudem in den Mittelpunkt der Auseinandersetzungen.
Zum anderen wird deutlich, welchen Beitrag der Deutsche
Bund für die innere Nationsbildung der Deutschen in vielen
Bereichen geleistet hat, sei es bei der Rechtsangleichung, beim
Urheberrecht, bei Maßen und Gewichten, bei der Erarbeitung
eines deutschen Handelsgesetzbuches oder bei den Verteidi-
gungseinrichtungen des Bundes. Trotz aller organisatorischer
Schwächen und der bei den Bundesgliedern häufig zu beobach-
tenden Politik, Entscheidungen der Bundesversammlung auf
verschiedenste Weise zu verzögern, war Frankfurt der zentrale
«Beobachtungsturm für Mitteleuropa» (Alexander Malet) und
dessen Informationsbörse. Hier schlug der Puls der Nation.
Daher wurden von den Mitgliedstaaten meistens die besten
Köpfe als Bundestagsgesandte und Bevollmächtigte Minister
nach Frankfurt entsandt. Häufig trugen sie vorher oder auch
nachher als Minister und Ministerpräsidenten in ihren Ländern
Verantwortung. Bundestagsgesandter in Frankfurt war im
Deutschen Bund der wichtigste und interessanteste zu verge-

bende diplomatische Posten. Das Agieren auf der nationalen Frankfurter Bühne, der Informationsaustausch untereinander, der über den amtlichen Rahmen hinausgehende persönliche Kontakt waren, anders als Bismarck es in seinen Briefen schilderte, wichtige Elemente der Zusammenarbeit beim Bund.

Zwar gelang es nicht, die «föderative Nation» in den Deutschen Bund zu integrieren. Doch war dies keineswegs zwangsläufig. Deutscher Bund und deutsche Nation hätten durchaus zueinanderfinden können. Es gab zahlreiche Versuche, durch eine Reform des Bundes und seiner Organe oder durch politische, rechtliche und wirtschaftliche Reformen die Nation stärker in den Deutschen Bund einzubinden und sie am politischen Entscheidungsprozess teilhaben zu lassen. Hierzu boten sich nicht allein die deutschen Verfassungsstaaten an, deren Zahl im Verlauf der Geschichte des Deutschen Bundes zwischen 1815 und 1866 zunahm und deren Bürger über die Landtage eingebunden wurden. Es gab zahlreiche Initiativen von Einzelpersönlichkeiten und verschiedenen Staaten, nach der Auflösung der deutschen Nationalversammlung 1849 im Deutschen Bund eine Nationalrepräsentation als Institution und Organ der deutschen Nation zu schaffen. Sie scheiterten jedoch an widerstreitenden Interessen, persönlichen Animositäten und einem überzogenen einzelstaatlichen Souveränitäts- und Machtverständnis. Gerade auf der einzelstaatlichen Ebene zeigte sich, dass eine von allen Mitgliedern im Prinzip als notwendig anerkannte Reform des Deutschen Bundes nicht zuletzt am Antagonismus zwischen den beiden deutschen Großmächten scheiterte. Die bundespolitische Blockadepolitik Preußens und die bundespolitische Konzeptlosigkeit der Habsburgermonarchie waren jedoch nicht allein dafür verantwortlich. Auch die Unfähigkeit oder Unwilligkeit der großen deutschen Mittelstaaten, sich auf ein gemeinsames Reformkonzept zu verständigen und auch politisch hinter diesem zu stehen, trug dazu bei. Die politisch-militärische Lösung der deutschen Frage von 1866, die den Weg zum preußisch-kleindeutschen Kaiserreich öffnete, war keine zwangsläufige Entwicklung. Es gab andere Optionen und diese waren keine «historischen Sackgassen» (Dieter

Langewiesche). In ihnen wurden vielmehr historische Kontinuitätslinien sichtbar. Der 1815 geschaffene Deutsche Bund bildete den Rahmen, in dem sich das «Erbe der Reichsnation» fortentwickeln konnte. Ohne den gemeinsamen politischen Willen aller war eine Integration von Bund und «föderativer Nation» allerdings nicht zu verwirklichen.

Anliegen dieser kurzen Geschichte des Deutschen Bundes zwischen 1815 und 1866 ist es, zu seiner besseren und ausgewogeneren historischen Einordnung in die deutsche und europäische Geschichte des 19. Jahrhunderts beizutragen. Sie möchte skizzieren, wofür der Deutsche Bund historisch stand, und den Blick für die Gemeinsamkeiten und Unterschiede in der sich aus verschiedenen regionalen Traditionen zusammensetzenden Geschichtslandschaft Deutscher Bund schärfen. Der Deutsche Bund ermöglichte Europa eine Phase des Friedens auf dessen Weg in die Moderne. Zugleich eröffnete er durch seine Binnenstruktur Optionen für den Übergang von einer «Untertanengesellschaft» zur «Staatsbürgergesellschaft» (Eberhard Weis), zum konstitutionellen Staat und zur Parlamentarisierung, auch wenn diese dann nur unzureichend genutzt wurden. Seine Rolle, Bedeutung und Leistung als föderative staatliche Organisationsform im 19. Jahrhundert sollten in der deutschen und europäischen Geschichte gebührend anerkannt werden, ohne jedoch seine Schwächen und ihre Ursachen zu übersehen. Diese ergaben sich teilweise aus der Gründungssituation am Ende der langen und verlustreichen Kriege gegen die Französische Revolution und Napoleon, aus dem gesteigerten Sicherheitsbedürfnis und dem nachhaltigen Wunsch nach Frieden, Sicherheit und Wohlstand, aber auch aus dem Interessenegoismus und der repressiven Politik vieler seiner Mitgliedstaaten. Die preußisch-kleindeutsche Reichsgründung von 1870/71, dies verdeutlicht eine aus europäischem Blickwinkel geschriebene Geschichte des Deutschen Bundes, war nicht die einzige Option für die Lösung der deutschen nationalen Frage im 19. Jahrhundert.

2. Die Gründung des Deutschen Bundes und die europäische Neuordnung 1814/15

Mit der Niederlegung der Kaiserkrone des Heiligen Römischen Reiches deutscher Nation durch den habsburgischen Kaiser Franz II. hörte das Alte Reich im August 1806 offiziell auf zu existieren. Seit der Niederlage des Kaisers gegen Napoleon im sogenannten Zweiten Koalitionskrieg, die 1801 im Frieden von Lunéville festgeschrieben wurde, hatte sich dies abgezeichnet. Der Reichsdeputationshauptschluss, durch den 1803 zahlreiche Reichsstände mediatisiert und säkularisiert wurden, bedeutete de facto bereits das Ende des Alten Reiches. Dessen territorial vergrößerte mittlere Territorien erfuhren zudem durch den Frieden von Pressburg 1805 eine Rangerhöhung. Mit dem Ende des Alten Reiches wurden sie erstmals auch de jure souverän und traten dem von Napoleon gegründeten Rheinbund bei.

Die Rheinbund-Staaten betrieben eine Reformpolitik, die Deutschland innerhalb weniger Jahre ein neues Gesicht geben sollte und deren Ergebnisse teilweise bis heute spürbar sind. Die Modernisierung aus eigenem Antrieb war für sie allerdings auch ein Mittel der Selbstbehauptung und der Absicherung ihrer Souveränität. Sie sollte vermeiden, dass aus dem 1806 gegründeten Rheinbund ein Bund gleichgeschalteter napoleonischer Modellstaaten wurde. Die Reformen bedeuteten einen entscheidenden Schritt auf dem Weg Deutschlands zum modernen Staat. Sie schufen darüber hinaus noch in den Kriegsjahren Strukturen, die nach der endgültigen Niederlage Napoleons 1814/15 eine Rückkehr zum Alten Reich unmöglich machten und eine politische und territoriale Neuordnung des mitteleuropäischen Raumes zwingend erforderten. Ihr neues staatliches Selbstverständnis ließ die Rheinbund-Staaten – ähnlich wie die beiden deutschen Großmächte Österreich und Preußen – das Interesse an einer Wiederherstellung der Einheit des Reiches verlieren. Es war ein leistungsfähiges «Drittes Deutschland» entstanden mit selbstbewussten Mittelstaaten, das ein den beiden deutschen Großmächten entsprechendes Eigengewicht besaß und fortan berücksichtigt werden musste. Bei der politisch-sozialen, territorialen und ökonomischen Neuorganisation Mitteleuropas spielten neben deutschen allerdings auch europäische Interessen eine gewichtige Rolle. Nach dem Zusammenbruch der napoleonischen Ordnung musste eine neue Organisationsform für einen Raum gefunden werden, der traditionell im Spannungsfeld divergierender macht-, sicherheitspolitischer und wirtschaftlicher Interessen stand und im Schnittpunkt vitaler europäischer Kommunikationslinien lag. Seine künftige Verfassungsordnung, in die Österreich und Preußen eingebunden werden sollten, wurde zur Kernfrage für ein friedliches und prosperierendes Zusammenleben und die Entwicklung der europäischen Staatengesellschaft nach den Kriegen.

Die Erfahrungen Europas mit der Hegemonie Napoleons hatten bei seinen Kriegsgegnern die Überzeugung wachsen lassen, dass als Fundament einer neuen internationalen Ordnung nur ein reformiertes Gleichgewicht sinnvoll und praktikabel sein würde, das Europa als ein «völkerrechtliches Gemeinwesen» verstand. Träger der Nachkriegsordnung sollten Staaten mit unterschiedlichem politischem und militärischem Gewicht sowie unterschiedlicher Wirtschafts- und Finanzkraft sein. Friedrich von Gentz hatte 1806 in seinen «Fragmenten über die neueste Geschichte des politischen Gleichgewichtes in Europa» als wesentliche Basis für eine stabile europäische Ordnung eine «Staatenkonstellation» angesehen, «vermöge deren keiner unter ihnen die Unabhängigkeit oder die wesentlichen Rechte einer andern ohne wirksamen Widerstand von irgendeiner Seite und folglich ohne Gefahr für sich selbst beschädigen kann». Grundlage einer dauerhaften Friedensordnung sei ein «natürliches Gleichgewicht». Dieses verhindere ein machtpolitisches Vakuum. In den Konzepten für eine Nachkriegsordnung spielte daher frühzeitig die mögliche Einbindung kleiner und mittlerer Staaten in eine europäische Struktur eine Rolle, da sie alleine als europäische Mächte nicht lebensfähig seien und Opfer neuer Aggressionen werden würden. Regionale Föderationen galten als Mittel, um ihnen Existenz, Freiheit, Rechtssicherheit und Entwicklungschancen zu eröffnen und diese in einer europäischen Gesamtordnung völkerrechtlich zu garantieren.

In der Endphase der Kriege avancierte die Konzeption des Gleichgewichts zum politischen Leitgedanken. Sie fand schließlich im März 1814 Eingang in die Viererallianz von Chaumont zwischen Großbritannien, Russland, Österreich und Preußen, den Hauptgegnern Napoleons. Im Vertrag von Chaumont übernahmen die Signatare erstmals bindende Verpflichtungen über das Kriegsende hinaus. Sie garantierten zudem, alle ihnen zur Verfügung stehenden Machtmittel für die Friedenssicherung einzusetzen. Die Viererallianz, die es den Signataren untersagte, Separatfriedensverträge mit Napoleon abzuschließen, wurde die Basis für die Stabilisierung und schließlich auch für den militärischen Erfolg der antinapoleonischen Allianz. Frühere Koalitionen hatte Napoleon immer wieder erfolgreich zu spalten verstanden. Die vier Großmächte sahen sich als «Interessenvertreter» Europas für die Herstellung eines dauerhaften Friedens an. Krisen und Konflikte sollten durch gemeinsame Beratungen, Aktionen und einen Interessenausgleich gelöst werden. Eine derartige kollektive Verpflichtung war neu. Sie wurde zu einem wichtigen Korsett der Wiener Ordnung von 1815. Die Viererallianz hatte zwar eine antifranzösische Spitze, um möglichen zukünftigen französischen Aggressionen gegen die Nachbarn gemeinsam zu begegnen, doch zugleich wollte sie auf der Grundlage einer stark sicherheitspolitisch ausgerichteten Friedensordnung einen Frieden des Ausgleichs und der Verständigung anstreben und Frankreich als europäische Großmacht erhalten. Nur ein Frieden der Harmonie, kein Siegfrieden, der Frankreich durch Territorialverluste und finanzielle Lasten nachhaltig schwächen würde, konnte Konfliktpotential in der Nachkriegsordnung vermeiden und Frankreich als Großmacht rasch in diese Ordnung eingliedern. Angestrebt wurde daher ein multipolares Gleichgewicht. In diesem würde Frankreich neben den anderen Großmächten seinen Platz haben, aber auch die europäischen Mittel- und Kleinstaaten in einer neuen Völkerrechtsordnung eine Existenz- und Sicherheitsgarantie erhalten.

Mit dem siegreichen Einzug der Alliierten in Paris, der Abdankung Napoleons am 11. April 1814 und der Wiedereinsetzung der Bourbonen begannen zügig die Friedensverhandlungen. Neben den Vertretern der Großmächte nahmen zahlreiche Bevollmächtigte mittlerer und kleinerer europäischer Staaten teil. Am 30. Mai 1814 schloss Europa seinen Frieden mit Frankreich. Der Erste Pariser Frieden anerkannte die französischen Grenzen von 1792 und regelte zahlreiche offene europäische Territorialfragen. Artikel 6 des Friedensvertrags bestimmte die künftige Organisationsform des deutschen Mitteleuropa. Er besagte, dass die deutschen Staaten unabhängig sein und durch ein föderatives Band verbunden werden sollten. Er griff damit Positionen auf, über die sich die Viereralianz bereits im März 1814 verständigt hatte. Wie würde eine föderative Nachfolgeorganisation für das Alte Reich aussehen? Der Wiener Kongress, der nach Artikel 32 des Friedensvertrages zusammentreten sollte, um eine dauerhafte europäische Friedensordnung zu erarbeiten, und vom 18. September 1814 bis zum 9. Juni 1815 tagte, musste auch auf diese Frage eine Antwort finden.

Seit dem Ende des Alten Reiches wurden immer wieder Konzepte für eine Nachfolgeorganisation des Heiligen Römischen Reiches vorgestellt und diskutiert. Es waren dies vor allem drei Modelle:

- *Wiederherstellung des Alten Reiches* mit einer reformierten und funktionsfähigen Reichsverfassung unter dem Erzhaus Österreich.
- *Ein Kondominium Österreichs und Preußens über Deutschland* mit dem Main als Grenze der jeweiligen Interessensphären. Die Nachfolgeorganisation des Reiches könnte somit von den deutschen Großmächten als machtpolitische Basis für ihre jeweiligen Ziele genutzt werden. Föderative Elemente würden lediglich eine Alibifunktion erhalten.
- *Eine bündische Lösung der Verfassungsfrage.* In diesem Zusammenhang wurden verschiedene Modelle zwischen einer

mehr staatenbündischen und einer eher bundesstaatlichen Organisationsform vorgeschlagen und diskutiert.

Das erste Konzept war aufgrund seiner österreichischen hegemonialen Tendenzen nicht mehrheitsfähig. In seiner St. Petersburger Denkschrift von 1812 und auch in späteren Memoranden hatte der Freiherr vom Stein als Wunschziel einer Neuorganisation einen einzigen, kräftigen nationalen Staat der Deutschen gefordert. Zwischen 1812 und 1815 strebte Stein, unterstützt durch Wilhelm von Humboldt und zahlreiche nationale Publizisten, eine nationalstaatliche Regelung der Verfassungsfrage an. Aus den Kriegen gegen Napoleon sollte Deutschland als starker und großer Einheitsstaat mit einer zentralistischen Exekutivgewalt und einer Nationalrepräsentation als Legislative hervorgehen, «um seine Selbständigkeit und Unabhängigkeit und Nationalität wieder zu erlangen und zu behaupten in seiner Lage zwischen Frankreich und Rußland». Diese Lösung liege im Interesse Europas und der deutschen Nation. Ein stabiles europäisches Zentrum könne «auf dem Wege alter, zerfallener und verfaulter Formen nicht erhalten werden». Ein starkes, zentralstaatlich organisiertes Reich mit monarchischer Spitze lag jedoch nicht im Interesse der europäischen Mächte und der Mehrzahl der deutschen Staaten. Die Ablehnung war nicht gegen die deutsche Nation gerichtet. Vielmehr wurde in einer neuen Hegemonialordnung im Zentrum des Kontinents generell ein Sicherheitsrisiko für ein stabiles, funktionsfähiges europäisches Staatensystem gesehen. Ein nationaler deutscher Zentralstaat schied daher als Lösung aus.

Im Vorfeld des Wiener Kongresses und auf dem Kongress selbst kam die Idee eines österreichisch-preußischen Kondominiums wieder in den Blick. Metternich und der preußische Staatskanzler Fürst von Hardenberg hatten entsprechende Vorschläge vor Beginn des Kongresses untereinander abgestimmt, sehr zum Missfallen der Berater Metternichs in der Wiener Staatskanzlei. Beide strebten aus unterschiedlichen Gründen keine Rückkehr zu einem reformierten Reich an. Sie waren sich einig, dass beide Großmächte eine Führungsrolle in Deutschland übernehmen sollten. Die Frage einer Föderativordnung würde durch ein Direktorium der Großmächte und der großen Mittelstaaten geregelt werden. Hardenberg übermittelte Metternich einen 41-Artikel-Plan, der auf der Grundlage einer dem Alten Reich ähnlichen Kreisverfassung die Kreisobristen als Mitglieder des Direktoriums vorsah. Die Zuordnung der Kreise würde den Großmächten jeweils zwei Stimmen, den drei anderen Vertretern je eine geben. Die beiden Großmächte könnten auf diese Weise immer eine 4:3-Mehrheit sicherstellen, wobei von der Einigkeit Österreichs und Preußens ausgegangen wurde. Durch einen Rat der Kreisobristen und einen Rat der Fürsten und Stände sollte der Eindruck einer dualistischen Herrschaftsstruktur der deutschen Großmächte über Deutschland vermieden und der föderative Charakter formal gewahrt werden. Auf dem Wege einer «Begriffskosmetik» sollte eine Föderativordnung begründet werden, die aber realiter ein Protektorat der Großmächte über Deutschland mit der Einflusszone Preußens im Norden und Österreichs im Süden darstellte. Es lag durchaus auch im Interesse Preußens, sich durch die vorgeschlagene Kreiseinteilung seine Einflusssphäre über das eigene Territorium hinausgehend in Nordwest- und Mitteldeutschland politisch und wirtschaftlich abzusichern. Hardenberg bemerkte daher auch, das ganze System könne «nur darauf gebaut werden, daß Oestreich und Preußen einig sind und bleiben und daß diese entscheiden, die übrigen eigentlich in ein consultatives Verhältnis gesetzt werden». Diese Organisationsstruktur sei mit dem Artikel 6 des Friedensvertrags vereinbar.

Hardenbergs Vorschläge wurden in Varianten auf dem Wiener Kongress erörtert. Eine Direktoriumslösung mit oder ohne Kreiseinteilung schien dabei zunächst möglich. Durch die Entscheidung der europäischen Großmächte, für die Regelung der deutschen Verfassungsfrage ein «Deutsches Komitee» einzusetzen, dem neben den beiden deutschen Großmächten das in Personalunion mit Großbritannien verbundene Königreich Hannover sowie die süddeutschen Königreiche Bayern und Württemberg angehören sollten, ließ sich ein Kondominium Österreichs und Preußens über Deutschland in «föderativem Gewande» allerdings nicht durchsetzen. Großbritannien und Hannover strebten einen funktionierenden Bundesstaat an. Die Südstaaten lehnten jede Verfassungsform ab, die ihre beim Übertritt in die Allianz 1813 neben der territorialen Integrität zugesicherte staatliche Souveränität beschneiden würde. Von Anbeginn trafen divergierende Interessen aufeinander, für die ein Kompromiss gefunden werden musste. Russland und auch Frankreich, das zunächst nicht direkt mit einbezogen wurde, waren an einer möglichst lockeren Verbindung der deutschen Staaten interessiert, die ihnen Spielraum für politischen Einfluss eröffnen könnte. Sie verstanden die Bestimmungen des Pariser Friedens in einem staatenbündischen Sinne. Während Russland seinen politischen Einfluss über den Ausbau verwandtschaftlicher Beziehungen zu den deutschen Dynastien geltend machen wollte, suchte Frankreich die deutschen Kleinstaaten als Klientel zu gewinnen. Wegen der deutschen und europäischen Rahmenbedingungen konnte die deutsche Verfassungsfrage daher nur in einem echt föderativen Sinne gelöst werden, zumal bei der politisch-territorialen Neuorganisation des deutschen Mitteleuropa auch sicherheitspolitische Überlegungen eine zentrale Rolle spielten.

Während Österreich und Preußen durch ein zu bildendes Bundesdirektorium oder einen Rat der Kreisobristen ihre machtpolitische Stellung absichern und den Bund für ihre Rolle als europäische Großmächte nutzen wollten, sahen die beteiligten süddeutschen Mittelstaaten in einer Direktoriumsverfassung die Möglichkeit, ihre Souveränität nach innen und außen abzusichern und ihren Einfluss in der deutschen Politik zu stärken. Gerade Württemberg griff in diesem Zusammenhang die sogenannte Triasidee auf, nach der das «Dritte Deutschland» eine gewichtige Rolle neben Österreich und Preußen spielen sollte – ein Konzept, das zwischen 1816 und 1866 immer wieder diskutiert wurde.

Die bis an die Schwelle eines neuen Krieges eskalierende Krise um die in Personalunion verbundenen Länder Sachsen und Polen, deren Herrscher, Friedrich August I. von Sachsen, wegen seiner Kollaboration mit Napoleon inhaftiert war, sah Österreich und Preußen, das sich Sachsen einverleiben wollte, in unterschiedlichen Lagern. Hinzu kam die inhaltliche Blockade im Deutschen Komitee und zahlreiche weiterhin offene deutsche Territorialfragen. Alles zusammen genommen veränderte die deutschlandpolitischen Optionen. Eine künftige Bundesverfassung wurde nur noch im kleinen Kreis diskutiert. Österreich schwenkte mit dem Wessenberg-Plan vom Dezember 1814 auf eine egalitär-staatenbündische Lösung ein. Württemberg dagegen schlug vor, einen eigenen Südbund mit Bayern, Baden und Nassau zu gründen. Die «mindermächtigen» deutschen Staaten verstanden es immer wieder, ihre Beteiligung in der Bundesverfassungsfrage anzumahnen bzw. ihren Einfluss durch eigene Lösungsmodelle zu vergrößern. In neuen Entwürfen Humboldts und in Gesprächen mit Vertretern der Mindermächtigen kam Preußen den kleineren Staaten ebenfalls entgegen und nahm einige ihrer Ideen auf. So wollte es die Furcht vor einer «preußischen Gefahr» beseitigen, die es selbst durch seinen Expansionskurs gegenüber Sachsen geschürt hatte. Das «große Spiel um Deutschland», das Buhlen um die Unterstützung der mittleren und kleinen deutschen Staaten hatte nach dem Scheitern der Hegemonialverfassungsidee begonnen.

Die deutsche Verfassungsfrage besaß allerdings nach der Rückkehr Napoleons aus Elba Anfang März 1815 und der Wiederaufnahme des Krieges zunächst keine Priorität mehr. Die deutschen Großmächte wollten sie erst nach Kriegsende wieder aufgreifen oder bei einem beschleunigten Abschluss des Wiener Kongresses lediglich einen durch die Kongressakte garantierten «Verfassungsrahmen» beschließen. Die mindermächtigen deutschen Staaten waren um ihre Existenz und Sicherheit bei einem ungewissen Ausgang des Kampfes gegen Napoleon besorgt. In einer gemeinsamen Note am 22. März 1815 bekundeten sie ihre Bereitschaft, durch eine «angemessene Militärleistung» an der «Sicherung der Unabhängigkeit Teutschlands» mitzuwirken. Sie forderten, «unverweilt die wesentlichsten Grundlagen eines, die Rechte aller Theile sichernden Bundesvertrages in gemeinsame Berathung» zu nehmen. So erzwangen sie schließlich die Wiederaufnahme von Beratungen zur Verfassungsfrage, zumal sich die Großmächte noch im März bereit erklärt hatten, den

Wunsch der kleineren Staaten aufzugreifen und den «teutschen Bund gleich jetzt wirklich zu schliessen», sich über «seine wesentlichen Grundlagen» zu verständigen und die näheren Ausführungen später zu behandeln.

Die Mindermächtigen hatten mit Bundesverfassungsplänen durch Freiherrn von Berg im März und später durch Freiherrn von Plessen über «Grundzüge zu einem künftigen teutschen Gesammtwesen» gegenüber den deutschen Großmächten und Hannover ihre Wünsche deutlich gemacht. Doch erst als im Mai die territorialen Aspekte der Regelung der polnischen und sächsischen Frage, aber auch andere Territorialprobleme sowie die Arbeit von Kommissionen wie der Statistikkommission oder des Ausschusses über die freie Navigation auf den Flüssen abgeschlossen waren, trat die deutsche Verfassungsfrage wieder in den Vordergrund. Allerdings konnten einige Territorialfragen auf dem Kongress nicht mehr abschließend geregelt werden. Sie wurden an eine Territorialkommission verwiesen, die schließlich mit dem Frankfurter Territorialrezess 1819 ihre Arbeit beendete.

Bei der Wiederaufnahme der deutschen Verfassungsfrage erhielt Österreich eine Schlüsselrolle. In Gesprächen mit dem bayerischen Bevollmächtigten hatte Metternich ausgelotet, welche Rahmenbedingungen für den nach Österreich und Preußen wichtigsten und größten deutschen Staat akzeptabel sein würden, und dabei sechs Punkte angesprochen: Die Aufgabe der deutschen Staaten, mit ihrem Bund die innere und äußere Sicherheit Deutschlands zu gewährleisten; die Zusicherung des territorialen Besitzstandes zum Zeitpunkt der Bundesgründung; die Einführung von landständischen Verfassungen den jeweiligen örtlichen Gegebenheiten entsprechend als Auftrag an den Bundestag; die Festlegung der Kontingentsstärke der von den Bundesgliedern zu stellenden Soldaten; das Zusammentreten der Bundesversammlung nach der Bundesgründung in Frankfurt sowie die Einrichtung eines Bundesgerichts, einer Austrägalinstanz (eine Art Schiedsgericht) oder eines Exekutionskomitees. Die meisten Punkte erkannte Bayern an. Es hegte aber beim Bundesgericht sowie bei den landständischen Verfassun-

gen Vorbehalte. Als Grundlage für die Beratungen zur Bundesverfassung dienten schließlich ein stärker bundesstaatlich aus-
gerichteter, vom preußischen Bevollmächtigten von Humboldt
ausgearbeiteter Entwurf sowie ein 19-Punkte-Plan des österreichischen Bevollmächtigten Wessenberg, der im Sinne zahlrei-
cher deutscher Staaten eine staatenbündische Organisationsform auf der Grundlage der «Gleichheit der Rechte aller Bundesglieder» befürwortete.

Österreich, Preußen und Hannover hatten sich in Dreierge-
sprächen vor der Eröffnung des Deutschen Kongresses, dem
Nachfolger des Deutschen Komitees, auf Leitlinien für eine
Bundesverfassung verständigt. Aus sicherheitspolitischen Überlegungen lehnte Hannover einen Bund ohne Preußen oder ohne
die süddeutschen Staaten ab. Es musste pragmatisch ein Kompromiss in der Verfassungsfrage gefunden werden, der noch auf
dem Kongress die Gründung eines Deutschen Bundes erlauben
würde. Unter enormem Zeitdruck wurde nach der Einberufung
des Deutschen Kongresses am 23. Mai 1815 innerhalb weniger
Wochen nach heftigen inhaltlichen Diskussionen, in denen die
divergierenden Interessen und Ziele artikuliert wurden, unter
aktiver Beteiligung der Mindermächtigen eine Akte des Deutschen Bundes ausgearbeitet, die von fast allen deutschen Staaten, auch wenn sie das Ergebnis nicht vollends befriedigte, unterzeichnet wurde. Württemberg und Baden unterschrieben die
Bundesakte erst im Verlauf des Sommers 1815. Bayern stimmte
zu, als die Bestimmungen über ein Bundesgericht aus der Bundesakte herausgenommen wurden. Diese sollte auch keine Artikel zu einer deutschen Kirchenverfassung enthalten, da dieses
aus bayerischer Sicht einen Eingriff in die inneren Angelegenheiten der Mitglieder bedeutete, und in die Präambel wurde die
Formulierung von den «souveränen Fürsten» aufgenommen.
Die Zugeständnisse an Bayern waren aus Sicht Metternichs notwendig, um den größten «mittäglichen» Staat zum Beitritt in
den Bund zu bewegen, somit die Gründung eines lockeren süddeutschen Bundes zu vermeiden und Württemberg und Baden
nur die Option einer Mitgliedschaft in einem deutschen Gesamtbund zu lassen.

Mit der Bundesakte für den Deutschen Bund mit ihren zwanzig Artikeln wurde am 8. Juni 1815 das Grundgesetz für das neue Band der deutschen Nation unterzeichnet. Allerdings waren lediglich die «Allgemeinen Bestimmungen» der Bundesakte (Art. I–XI) näher ausgeführt. Die «Besonderen Bestimmungen» (Art. XII–XX) sollten von der Bundesversammlung in Frankfurt beraten, inhaltlich gefüllt und verabschiedet werden. Die «Allgemeinen Bestimmungen» wurden in die Wiener Kongressakte aufgenommen (Art. LII–LXIII), ergänzt durch den Hinweis, dass die besonderen Artikel in der Anlage die gleiche Verbindlichkeit hätten, als ob sie wörtlich in der Kongressakte niedergelegt wären (Art. LXIX). Die damit implizierte internationale Garantie der Bundesakte durch die Signatare der Kongressakte sollte in der Geschichte des Bundes immer wieder zu Konflikten zwischen dem Bund und den nichtdeutschen Großmächten führen. Vor allem Großbritannien und Frankreich sahen für sich als Garantiemächte ein Interventionsrecht gegeben, sollte die Grundordnung des Bundes verändert werden. Die deutschen Großmächte und die anderen deutschen Staaten betrachteten dies jedoch als eine Einmischung in die inneren Angelegenheiten des Deutschen Bundes.

Die Bundesakte schuf einen Verfassungsrahmen, der über fünfzig Jahre die Grundlage für das Zusammenleben der großen, mittleren und kleinen Staaten im deutschen Mitteleuropa werden sollte. Sie war «zunächst nur als Rohbau gedacht» (Michael Hundt), als Kompromiss zwischen den divergierenden Interessen und vorgebrachten Maximalpositionen, der scheinföderativen Doppelhegemonie der deutschen Großmächte auf der einen Seite, dem Wunsch Bayerns, im Sinne einer von Metternich überlegten «Lega Italia» möglichst nur ein militärisches Allianzsystem der deutschen Staaten zu schaffen, auf der anderen und dem Wunsch der meisten mittleren und kleinen Staaten, eine echte Föderativordnung zu schaffen, die das deutsche Mitteleuropa nach innen und außen sichern und ihnen Existenz- und Rechtssicherheit vor Übergriffen deutscher oder ausländischer Mächte garantieren konnte.

Aufgrund seiner Organisationsform hatte der Deutsche Bund

den Charakter eines «doppelten Völkerrechtssubjekts», d. h. jedes seiner Mitglieder war als Völkerrechtssubjekt souverän, u. a. mit aktivem und passivem Gesandtschaftsrecht, aber auch der Deutsche Bund war Subjekt des Völkerrechtes und sollte nach seiner Konstituierung auch als eine «in politische[r] Einheit verbundene Gesammt-Macht» ausländische Gesandtschaften akkreditieren. Das Recht, eigene Gesandtschaften zu unterhalten, nahmen bis 1866 verschiedentlich Delegationen auf Kongressen und Konferenzen wahr, so 1848 der hamburgische Bundestagsgesandte Banks in London, um für den Bund Schiffe zu erwerben. Zur Vertretung der Bundesinteressen reiste 1864 die Delegation des sächsischen Ministerpräsidenten zur Londoner Konferenz, die 1866 geplante Entsendung des bayerischen Ministerpräsidenten Freiherr von der Pfordten zu einer Londoner Konferenz über den Deutschen Bund kam jedoch nicht mehr zustande. Die Gründung des Deutschen Bundes als Kernstück des europäischen Gleichgewichts, als «Friedensstaat von Europa», ebnete den Weg für eine friedliche, stabile und prosperierende Entwicklung des Kontinents nach den Napoleonischen Kriegen. Der Deutsche Bund war zentraler Bestandteil einer europäischen Sicherheitsordnung. Er war eine Mischform zwischen staatenbündischer und bundesstaatlicher Organisationsform und ließ Entwicklungsmöglichkeiten hin zu einer bundesstaatlichen Ordnung offen.

Zur Eröffnung der Frankfurter Bundesversammlung des Deutschen Bundes 1816 äußerte sich der Göttinger Historiker Arnold Ludwig Hermann Heeren über das Wesen des europäischen Staatensystems und die dem Deutschen Bund in dieser Ordnung zugewiesenen Stellung und Aufgabe. Charakteristisch für die europäische Nachkriegsordnung sei es, dass sie ein «freyes System» sei und sich dessen Mitglieder «bei aller äußern und innern Ungleichheit dennoch wechselseitig als frey und unabhängig voneinander betrachten, und diese Freyheit und Unabhängigkeit aufrechterhalten wollen». In der Sprache der Politik nenne man dies das «System des Gleichgewichtes». Dieses stehe im Gegensatz zu den Erfahrungen mit der napoleonischen «Universalmonarchie» und niemand strebe ein Hegemonialsystem für das neue Europa an. Mit Blick auf den Deutschen Bund meinte er, «der deutsche Bundesstaat steht nur in so fern in Uebereinstimmung mit dem Wesen des allgemeinen Staatensystems von Europa, als er die Freyheit desselben aufrechterhalten hilft. Der deutsche Bundesstaat macht geographisch den Mittelpunct dieses Systems aus. Er berührt ganz oder beynahe, die Hauptstaaten des Westens und Ostens; und nicht leicht kann auf der einen oder anderen Seite des Welttheils sich etwas ereignen, was ihm gleichgültig bleiben könnte. Aber in Wahrheit, auch den fremden Mächten kann es nicht gleichgültig sein, wie der Centralstaat von Europa geformt ist! Wäre dieser Staat eine große Monarchie mit strenger politischer Einheit; ausgerüstet mit allen den materiellen Staatskräften, die Deutschland besitzt – welcher sichere Ruhestand wäre für sie möglich [...] Ja! Würde ein solcher Staat lange der Versuchung widerstehen können, die Vorherrschaft in Europa sich anzueignen, wozu seine Lage und Macht ihn zu berechtigen schienen? [...] Die Entstehung einer einzigen und unumschränkten Monarchie in Deutschland würde binnen kurzem das Grab der Freyheit von Europa.»

Heeren verweist hier und an anderen Stellen auf ein Kernproblem, das sich für jede Form deutscher Staatlichkeit in ihrer europäischen Umwelt immer wieder neu stellte und stellt. Er verdeutlicht, warum die Frage nach der für die deutsche Nation zu findenden Organisationsform für das internationale System und die europäische Ordnung bis heute ein fundamentales historisch-politisches Schlüsselproblem geblieben ist. Der Charakter der Nachfolgeorganisation für das Heilige Römische Reich musste sicherstellen, dass das europäische Zentrum politisch seine Stabilität bewahren konnte und auf seinem Boden nicht erneut Konflikte rivalisierender europäischer und auch deutscher Mächte ausgetragen werden würden. Die durch den Deutschen Bund geschaffene föderative deutsche Gleichgewichtsordnung, die Österreich und Preußen als tragende Säulen in die neue Ordnung integrierte, bot die Grundlage dafür, dass keine der deutschen Großmächte eine hegemoniale Stellung erreichen konnte. Ein deutscher Nationalstaat mit starken zentralstaatlichen Strukturen und einem Kaiser an der Spitze, wie ihn der Freiherr vom Stein seit 1812/13 und erneut im Januar und Februar 1815 forderte, aber auch ein reformiertes Reich mit gestärkten Zentralorganen oder die lange Zeit von Preußen und Österreich betriebene Doppelhegemonie über Deutschland waren daher auch auf europäischer Ebene nicht durchsetzbar, denn sie hätten einen europäischen Zentralstaat geschaffen, der aufgrund seines Gewichts und Potentials zu einem möglichen Zusammenbruch oder zumindest zu einer Destabilisierung der europäischen Gesamtordnung geführt hätte.

Der 1815 in Wien gegründete Deutsche Bund hatte für das multipolare internationale System im postnapoleonischen Europa vor allem drei Aufgaben zu erfüllen:

– Als Nachfolgeorganisation des Alten Reiches und neues Band der deutschen Nation sollte er durch seine Organisationsform die staatliche Existenz und Sicherheit der Mindermächtigen und der Mittelstaaten dieses Raumes garantieren.

– Der Bund sollte durch seine Existenz als «Centralstaat» von Europa der europäischen Ordnung Stabilität geben und die Grundlagen für die Funktionsfähigkeit und friedliche Fortentwicklung der europäischen Friedensordnung schaffen. Ihm wurde im noch weitestgehend eurozentrisch strukturierten internationalen System von 1815 die Aufgabe des «Schlusssteins» zugewiesen.

– Der Deutsche Bund sollte eine zentrale Funktion für das europäische Sicherheitssystem gegen Frankreich erfüllen. Exponierte europäische Mittelstaaten wie das Königreich der Vereinigten Niederlande oder Dänemark wurden durch Personalunionen mit dem Deutschen Bund verbunden. Der König der Niederlande wurde als Großherzog von Luxemburg Bundesfürst, der König von Dänemark als Herzog von Holstein und Lauenburg. Zudem war der britische König als König von Hannover bis 1837 zugleich Bundesfürst.

Dem Deutschen Bund war somit in der internationalen Ordnung nach 1815 eine doppelte Sicherungsrolle zugewiesen worden. Diese konnte er nur dann erfüllen, wenn ihm durch die territoriale und verfassungsmäßige Neuordnung die für diese

Aufgaben erforderliche innere und äußere Stabilität gegeben werden konnte. Der Deutsche Bund wurde nicht zur machtpolitischen Neutralisierung Mitteleuropas gegründet, wie dies immer wieder fälschlicherweise behauptet wird. Er sollte vielmehr als Schlussstein der europäischen Ordnung einen dauerhaften Frieden sichern, als eine wichtige Voraussetzung für den Weg vom Europa des Ancien Régime zum modernen Europa des langen 19. Jahrhunderts.

Durch die auf dem Wiener Kongress beschlossenen Gebietserweiterungen und -verschiebungen der beiden deutschen Großmächte Österreich und Preußen wurden allerdings gewisse Weichenstellungen vorgenommen, die sich als Belastung für die Stabilität des Deutschen Bundes erweisen sollten. Der Habsburgermonarchie wurde in der Wiener Friedensordnung die Rolle einer Schutzmacht für Italien zugewiesen. Österreich zog sich daher aus dem alten Reichsgebiet (u. a. Vorderösterreich) und aus den Niederlanden zurück. Es arrondierte sich territorial um seinen Kern durch den Erwerb von Salzburg, dem Innviertel, der Lombardei und Venetien. Dies schwächte die in der Bundesakte festgelegte Stellung Österreichs als Bundespräsidialmacht. Habsburg wurde im Verlauf der Geschichte des Deutschen Bundes in alle Krisen in Italien hineingezogen, vor allem in die italienischen Einigungsbestrebungen. So wurden seine Handlungsspielräume als Großmacht eingeengt, zumal es sich mit Frankreich und dessen Italieninteressen konfrontiert sah. Für seine militärischen Aktionen und Interventionen in Italien musste es beträchtliche Finanzmittel aufbringen. Die Orientierung auf Italien hatte daher negative Auswirkungen auf das österreichische Bundesengagement, schwächte die deutschsprachigen Elemente in der Donaumonarchie zugunsten der anderen Nationalitäten und verminderte Habsburgs politische Flexibilität und finanzielle Regenerationsfähigkeit.

In Nordwesteuropa musste Preußen die Hauptlast im Sicherheitssystem gegen Frankreich übernehmen. Statt der gewünschten Arrondierung um den Kernstaat nach Osten und Süden wurde es territorial nach Westen verschoben und verlagerte damit auch seine «natürlichen Interessen». Es stieg dadurch von einer mittelosteuropäischen zu einer zentraleuropäischen Großmacht auf. Mit der Neuordnung von 1815 vergrößerte Preußen seinen Besitzstand innerhalb der Grenzen des Alten Reiches. Es erhöhte auch den deutschsprachigen Anteil seiner Bevölkerung. Mit Teilen Sachsens und den Rheinprovinzen erhielt es Territorien, die industriell am weitesten entwickelt waren. Vor allem die Rheinprovinzen lagen verkehrsgünstig zu den europäischen Haupthäfen und zudem im Schnittpunkt der europäischen Haupthandelswege. Der Besitz von für die Industrialisierung in Deutschland wichtigen Regionen verschaffte Preußen im Verlauf der Geschichte des Bundes und darüber hinaus einen ökonomischen, militärischen und politischen Vorteil gegenüber Österreich in Mitteleuropa. Aus gleichgewichtspolitischen Überlegungen hatte Preußen allerdings – ebenso wie Bayern, das Teile der Pfalz zugesprochen bekam – kein geschlossenes Staatsgebiet erhalten. Während der Zeit des Deutschen Bundes strebte es daher danach, die in der Wiener Ordnung verwehrte «Landbrücke» zwischen dem Kernland und den Rheinprovinzen doch noch zu erhalten. Zugleich nutzte es die ihm zugewiesene Sicherungsaufgabe der «Wacht am Rhein», um seine eigenen mit gesamtdeutschen Sicherheitsinteressen zu verknüpfen. Dies, verbunden mit den Großmachtzielen Preußens, förderte die Tendenz in der preußischen Politik, sich die gesamten Ressourcen Deutschlands zu sichern und nach Deutschland hinein zu expandieren. Damit war allerdings die zukünftige Entwicklung nicht vorgezeichnet. Trotz dieser Belastung eröffnete die Bundesakte alle Möglichkeiten für eine dauerhafte und stabile Ordnung.

3. Der Deutsche Bund und seine Mitgliedstaaten (1815–1830)

Mit der Gründung des Deutschen Bundes vereinigten sich die deutschen Staaten «mit Inbegriff Oesterreichs und Preußens für ihre deutschen Länder» zu «einem beständigen Bunde». Zu den Vorgaben gehörte auch, dass jeder eintretende Staat auf das Recht verzichtete, «sich ohne Zustimmung der übrigen davon zu trennen». Als Bundeszweck wurde festgelegt, «die äußere Ruhe und Unabhängigkeit und die innere Schonung der verfassungsmäßigen Rechte jeder Classe der Nation» und den Mitgliedern «den vollen und freien Genuß ihrer Regierungsrechte» zuzusichern. In der Präambel, in der von den «souveränen Fürsten und Freien Städten Deutschlands» die Rede ist, zeigten sich die Signatare «von den Vortheilen überzeugt, welche aus ihrer festen und dauerhaften Verbindung für die Sicherheit und Unabhängigkeit Deutschlands, und die Ruhe und das Gleichgewicht Europa's hervorgehen».

In der Präambel wurde bereits der doppelte Bundeszweck, die deutsche und europäische Aufgabe des Zentralstaats von Europa, formuliert. Alle Bundesglieder hatten «gleiche Rechte» und verpflichteten sich, «die Bundesacte unverbrüchlich zu halten» (Art. III). Hauptorgan des Bundes war die Bundesversammlung. In Anlehnung an den «immerwährenden Reichstag» des Alten Reiches nannte man sie meistens «Bundestag». Die Bundesversammlung behandelte «Angelegenheiten des Bundes» und trat in zwei Formen, quasi als zwei Kammern, in Erscheinung. Normalfall war die «Engere Versammlung» (Engerer Rat) mit 17 Stimmen, aufgeteilt in Einzelstimmen der 11 größten Staaten und gemeinsame Stimmen (Kuriatstimmen) der kleineren Staaten. So führten beispielsweise die drei Hansestädte und Frankfurt, die Sächsischen Häuser oder die beiden Mecklenburg jeweils gemeinsam eine Stimme. Sie mussten sich im Vorfeld über ihr abzugebendes Votum verständigen. Die Bundesversammlung trat als «Plenum» zusammen, wenn es um die Änderung von Grundgesetzen oder um die Bundesakte betreffende Beschlüsse ging. Jedes Mitglied hatte mindestens eine Stimme. Die Verteilung der 69 Stimmen richtete sich «nach der Größe der einzelnen Bundesstaaten» (Art. VI). Die Engere Versammlung entschied mit absoluter Mehrheit, auch ob ein Gegenstand im Plenum behandelt werden sollte. Bei Stimmengleichheit stand «dem Vorsitzenden die Entscheidung zu» (Art. VII). Für Abstimmungen im Plenum war eine Zweidrittelmehrheit erforderlich. Die Abstimmungsmodalitäten sollten aber erst nach der Verabschiedung der organischen Bundesgesetze in Kraft treten, damit sie «keinem Mitglied zum Nachtheile gereichen» (Art. VIII). Die Bundesversammlung war gehalten, sich nach ihrer Eröffnung mit der «Abfassung der Grundgesetze des Bundes und dessen organischen Einrichtungen in Rücksicht auf seine auswärtigen, militärischen und inneren Verhältnissen» (Art. X) zu befassen.

Für den Deutschen Bund war Artikel XI der Bundesakte von grundlegender Bedeutung. Basierend auf den Erfahrungen der Kriege seit 1792 mussten die Bundesglieder versprechen, «sowohl ganz Deutschland, als jeden einzelnen Bundesstaat gegen jeden Angriff in Schutz zu nehmen», und garantierten «sich gegenseitig ihre sämmtlichen unter dem Bunde begriffenen Besitzungen». Kein Mitglied dürfe nach «erklärtem Bundeskrieg» Verhandlungen mit dem Feind aufnehmen und weder einen Waffenstillstand noch einen Separatfrieden abschließen. Das Recht, Allianzen einzugehen, blieb zwar erhalten, doch durften diese nicht gegen «die Sicherheit des Bundes oder einzelner Bundesstaaten» gerichtet sein. Konflikte zwischen Bundesmitgliedern sollten nicht gewaltsam gelöst werden. Die Angelegenheiten waren der Bundesversammlung zur friedlichen Schlichtung vorzulegen. Werde keine Lösung erreicht, müsse ein Schiedsgericht eine Entscheidung herbeiführen, dessen «Ausspruch» sich die Konfliktparteien «sofort zu unterwerfen haben». Die allgemeinen Bestimmungen schufen die Voraussetzungen für die Existenz, Sicherheit und Handlungsfähigkeit des Bundes nach innen und außen.

Die «Besonderen Bestimmungen», die von der Bundesversammlung zu behandeln waren, enthielten Punkte, die für die Fortentwicklung und Funktionsfähigkeit des Bundes und die innere Nationsbildung wichtig waren. Sie wurden aufgrund zu vager Formulierungen oft missverstanden und blockierten, teilweise aus ideologischen, egoistischen und interessenpolitischen Gründen, Entwicklungen im Bund. Hierzu gehörte der für den Weg zum modernen Verfassungsstaat wichtige Artikel XIII. Er bestimmte lapidar, dass in allen Bundesstaaten «eine landständische Verfassung stattfinden» wird. Wegen ihrer Kürze ließ die Formulierung verschiedene Auslegungen zu. Waren Repräsentativverfassungen oder «altständische Verfassungen» gemeint? Wie sollte dieser Artikel inhaltlich gefüllt werden? Wie die späteren Beratungen in der Bundesversammlung zeigten, gingen in dieser Frage die Meinungen der Reformstaaten, die für ihre Staaten Verfassungen erarbeiteten, und denen, die an alten, überkommenen altständischen Strukturen festhielten, weit auseinander. Charakteristisch für den Bund sollte es werden, dass neben den Verfassungsstaaten Bundesmitglieder ohne Verfassungen oder mit altständischen Verfassungen existierten. Dies erschwerte Entwicklungsprozesse hin zum konstitutionellen Verfassungsstaat.

Genauer geregelt werden sollten auch die Rechte und Pflichten der «mittelbar gewordenen Reichsstände» (Art. XIV), eine, angesichts der territorialen Neuordnung und dem staatlichen Selbstverständnis der vor allem im Süden gebietsmäßig vergrößerten Staaten, schwierige Aufgabe. Sie sollten in allen Bundesstaaten einen «gleichförmig bleibenden Rechtszustand» erhalten. Notwendig waren auch Regelungen, die sich auf die verschiedenen Konfessionen bezogen. Mit der territorialen Neuordnung Mitteleuropas war kein deutscher Staat mehr monokonfessionell. In der Bundesakte (Art. XVI) wurde den christlichen Glaubensgemeinschaften Glaubensfreiheit und der Genuss der «bürgerlichen und politischen Rechte» zugesichert. Anzustreben sei eine bundeseinheitliche Regelung für die «Bekenner des jüdischen Glaubens», um in allen Bundesstaaten eine «möglichst übereinstimmende» Verbesserung ihrer bürgerlichen Rechte zu erreichen. Hierzu kam es nicht, da ein entsprechendes Bundesgesetz als Eingriff in die inneren Angelegenheiten der Mitglieder angesehen wurde.

Wichtig für die innere Nationsbildung waren neben dem Recht auf Freizügigkeit und Besitz im Bundesgebiet für die ehemaligen Reichsstände auch die Übereinkunft, dass alle Untertanen der Mitgliedstaaten das Recht auf Freizügigkeit besaßen, d. h. sie konnten Grundeigentum außerhalb ihres «Heimatstaates» erwerben, durften ihren Wohnsitz überall im Bundesgebiet nehmen, in «fremden Staaten» nicht zu höheren Abgaben verpflichtet werden und konnten «in den Civil- und Militärdienst» anderer Bundesstaaten treten (Art. XVIII). Zudem sollte die Bundesversammlung «bei ihrer ersten Zusammenkunft» gleichförmige Beschlüsse «über die Preßfreiheit und die Sicherstellung der Rechte der Schriftsteller und Verleger gegen den Nachdruck» fassen. Mit dem Deutschen Bund war ein politisch-sozialer Raum für die deutsche Nation geschaffen worden. Artikel XIX bestimmte, die Bundesversammlung solle «bei ihrer ersten Zusammenkunft» sich der Frage des Handels und Verkehrs zwischen den Bundesstaaten widmen und auch über die Frage der Schifffahrt beraten. Dies eröffnete die Möglichkeit, einen gemeinsamen Wirtschaftsraum zu schaffen. Er würde die Chance auf einen Zollverein bieten, der, bedingt durch den Prozess der Industrialisierung und des Übergangs von der Hand- zur Maschinenarbeit, einen großen gemeinsamen Markt für den Absatz von Industrieprodukten und landwirtschaftlichen Erzeugnissen schaffen würde.

In der formativen Phase des Deutschen Bundes zwischen 1815 und 1820 ging es um die inhaltliche Ausgestaltung der Bundesverfassung im Spannungsfeld von Staatenbund und Bundesstaat, um weiterhin kaum eingeschränkte einzelstaatliche Souveränität oder Kompetenzerweiterung der Bundesorgane. Dem «Dritten Deutschland» fiel dabei die wichtige Aufgabe zu, den Bund zu aktivieren und der Verzögerungstaktik der beiden Großmächte zu begegnen. Preußen und Österreich strebten nach dem endgültigen Sieg über Napoleon und dem Zweiten Pariser Frieden eine Revision der in Wien geschlossenen Bundesakte zu ihren Gunsten an. Konfliktlinien, Ideen und Sonderinteressen aus den Verfassungsdiskussionen in Wien kamen wieder zur Sprache (Kaiseridee, Doppelhegemonie, lockerer Staatenbund, Südbund). Vor allem Württemberg, das dem Bund noch nicht beigetreten war, verlangte, dass bei der Ausgestaltung der näheren Bestimmungen der Bundesakte die einzelstaatlichen Souveränitätsrechte nicht beschnitten werden würden.

Die Frage nach der inneren Ausgestaltung des Bundes stellte die größeren Mittelstaaten vor das Dilemma, einerseits bei der Ausbildung des Bundes und seiner Institutionen aktiv und gestaltend als Mitspieler aufzutreten, andererseits aber zugleich eine Integration ihrer durch die jüngsten Neuerwerbungen territorial vergrößerten Staaten über die bloße administrative Zusammengehörigkeit hinaus anzustreben. Der neue Staatsverband vereinigte zumeist Gebiete mit unterschiedlichen historischen Traditionen, Dialekten, konfessionellen Orientierungen, Loyalitäten und einem differierenden Modernisierungsstand. Am Ende der «napoleonischen Umbruchkrise» (Werner K. Blessing) waren die meisten Staaten multikonfessionell, in einigen Regionen jedoch monokonfessionell. Daher sollte den neuen Bürgern, auch den Juden und den Anhängern anderer Glaubensrichtungen, neben der Gleichheit vor dem Gesetz die freie Religionsausübung garantiert werden. Der «napoleonische Umbruch» hatte die gewohnten Lebensräume der Menschen zerschlagen oder zumindest nachhaltig verändert. Der Krieg hatte oft eine zwangsweise horizontale Mobilität bewirkt. Die Verhaltensnormen und mit ihnen die sozialen, politischen und kulturellen Bezugssysteme hatten sich verändert. Da die Neubürger in der Regel keine emotionale Bindung an den neuen Landesherrn hatten, gedachten diese die Suche der «Neubürger» nach neuen Orientierungen, Identitäten und Loyalitäten in ihrem Sinne zu kanalisieren. Höchste Priorität erhielt daher das Ziel, die Loyalität der bisherigen «Landeskinder» zu bewahren und die der Neubürger zu gewinnen. Angestrebt war die Ausbildung eines jeweiligen «nationalen» Gesamtstaatsbewusstseins, einer eigenstaatlichen Identität, einer Staatsnation. Dieses sollte auf Kosten lokaler, regionaler und gesamtdeutscher Bindungen geschaffen werden. Die deutsche Nation würde dann lediglich den «kulturellen Überbau» bilden und zum einenden Band «teutscher Gesinnung» werden.

Um einen Landespatriotismus, eine badische, bayerische, hessische oder württembergische «Nationalität», auszubilden und ein staatsbürgerliches Zusammengehörigkeitsgefühl und Verantwortungsbewusstsein entstehen zu lassen, erhielten die zwischen 1814 und 1820 geschaffenen repräsentativen Staatsverfassungen mit ihren Rechten und Pflichten für Bürger und Souverän eine gewichtige Rolle. Hinzu kamen eine Vereinheitlichung und Zentralisierung der Verwaltung mit gut ausgebildeten Beamten, der gemeinsame Militärdienst der Alt- und Neubürger in unterschiedlichen Landesteilen, Maßnahmen zur Modernisierung, die Beteiligung der Bürger am politischen Prozess durch Repräsentativorgane sowie politische, soziale, bildungspolitische und wirtschaftliche Maßnahmen. Zur Identifikation mit dem neuen Staat dienten auch Nationalfeste, wie das Oktoberfest oder der Cannstatter Wasen, und die Einführung der staatlichen Schulpflicht. Die Schule wurde so zum «mentalen Herrschaftsinstrument» (Wolf D. Gruner). Die größeren Bundesstaaten wollten daher in der Phase der Ausgestaltung der Bundeseinrichtungen möglichst keine Souveränitätsrechte an den Bund abtreten und waren an der Ausbildung eines deutschen «Bundesbewusstseins» wenig interessiert.

Der Begriff «politische Nation» kam allerdings auch in den zeitgenössischen Lexika, wie dem Brockhaus oder dem Staatslexikon von Rotteck/Welcker, nicht vor und wurde in politischen Schriften nicht mit Blick auf die deutsche Gesamtnation verwendet. Erst als Folge der französischen Julirevolution 1830 gewann die deutsche Nationalbewegung an Dynamik und wurde zu einer Massenbewegung. Die Gründung eines deutschen Nationalstaats als «Sinn» der historischen Entwicklung der deutschen Staatenwelt war nicht zwangsläufig vorgezeichnet. Andere Wege waren «keine historischen Sackgassen» und eine Fixierung auf die Reichsgründung würde «den föderativen Grund-

zug der deutschen Geschichte» (Dieter Langewiesche) national-
staatlich verzerren. Es sind also Kontinuitätslinien zu berücksichtigen, die weit in das 18. Jahrhundert zurückreichen. Das
Alte Reich hatte einen «föderativen Nationalismus» und die
«föderative Nation» geschaffen. Erst mit der Reichsgründung
1870/71 zerbrach die Idee von der «deutschen Reichsnation».
Bis in die 1860er Jahre strebte die Nationalbewegung «eine
einheitliche deutsche Nation, aber zusammengesetzt aus den bestehenden deutschen Staaten», an. Dieses Phänomen nennt die
neuere Forschung «föderatives Nationalbewußtsein» (Dieter
Langewiesche), d. h. die Mehrheit der Deutschen wollte keinen
Nationalstaat der «einen und unteilbaren Nation» wie in Frankreich. Sie waren vielmehr stolz auf ihre staatliche und kulturelle
Vielfalt. Innerhalb dieser Vielfalt wollten sie eine Nation sein.

Der 1815 gegründete Deutsche Bund stellte den Rahmen bereit, in dem sich das «Erbe der Reichsnation» fortentwickeln
konnte. Er stand somit keineswegs der deutschen Entwicklung
zur Nation im Wege. Die deutsche Nation konstituierte sich in
ihren Gemeinsamkeiten und Unterschieden in der föderativen
Struktur des Bundes. Die politische Nationsidee als Erbe der
Französischen Revolution von 1789 passte nicht für die historischen und föderativen Traditionen des deutschen Mitteleuropa.
Diesem differenzierten Selbstverständnis der deutschen Nation
gab 1831 eine anonyme Flugschrift Ausdruck, als sie formulierte: «Bayern, Preußen, Württemberg, Baden und Hessen sind
Heimathländer, Teutschland ist Vaterland». Einzelstaatliches
Heimatland und deutsches Vaterland waren kein Widerspruch.
Der Deutsche Bund gewährleistete, wie es Carl Welcker 1846
formulierte, «die Erhaltung deutscher Nationalität und Natio-
naleinheit». Er sicherte ein «allgemeines deutsches Bürger-
recht», das er durch die Bundesakte noch weiter zu begründen
suchte. Die Deutschen als föderative Nation waren keine Nation im Sinne der westlichen Nachbarn. Sie wollten dieses mit
wenigen Ausnahmen auch nicht sein. Die Deutschen fühlten
sich zwar als Angehörige der deutschen Nation, doch ihre Orientierung und emotionale Bindung galt stärker der Region und
der eigenen Geschichtslandschaft. Ein deutscher Patriotismus

war in der napoleonischen Zeit eher marginal und schon vor dieser Periode eher regional auf das Territorium bezogen. Die regionale Identität erfasste daher, weit über die politischen, bürokratischen, kulturellen und wirtschaftlichen Eliten hinausgreifend, nahezu alle gesellschaftlichen Gruppen.

Aus der Perspektive nationalstaatlichen Denkens – der Begriff des Nationalstaates tauchte im Deutschen erstmals 1842 bei Paul Achazius Pfizer auf und wurde erst nach der gescheiterten deutschen Nationalstaatsgründung 1848/49 gebräuchlich – bedeutete das «partikulare Bewusstsein» ein Defizit. Kritisiert wurde, dass die Männer der Einheitsbewegung sich stärker an den alten Einzelstaat gebunden fühlten, dass sie nicht die «Einheit des Volkes», sondern vielmehr die «Einigkeit der alten deutschen Staatenwelt» (Wilhelm Mommsen) anstrebten. Auch innerhalb der föderativen politischen Ordnung des Bundes ließ sich jedoch die «Vorstellung einer nationalen Gemeinschaft» verwirklichen, ohne das von den Einzelstaaten verfolgte regionale «nation building» aufzugeben, zumal Letzteres insgesamt zu einer Stabilisierung und Konsolidierung des Gesamtbundes beitragen konnte. Als Band für die deutsche Nation bot der Bund bei der Ausgestaltung seiner Institutionen, seiner Rechtsordnung und seiner Organe vielfältige Möglichkeiten für die innere Nationsbildung, vor allem in der Anfangsphase nach der Konstituierung der Frankfurter Bundesversammlung, aber auch noch während der gesamten Existenz des Bundes.

In der formativen Phase des Bundes gelang es Metternich, der sich als einer der Baumeister der Wiener Ordnung eine angesehene europäische Stellung erarbeitet hatte, Österreichs Status als führende europäische Großmacht und Präsidialmacht des Bundes zu stärken. Metternich war bestrebt, den Bund in seiner Funktion als Institution zur Sicherung des Friedens nach innen und außen zu einer «school of nationalism» (Robert D. Billinger) für die deutschen Fürsten und Freien Städte werden zu lassen. Ziel war eine ausgewogene Balance zwischen Einzelstaatsrechten und Bundesrechten sowie Loyalität zum Deutschen Bund. Schließlich konnten die Bundesglieder davon überzeugt werden, dass der Deutsche Bund die Bewahrung ihrer Souveränität gewährleistete und somit ihre Sicherheit, dass er die Einheit in der Vielheit ermöglichte, ihnen aber zugleich auch Bundespflichten auferlegte.

Im Zentrum der Beratungen über die Ausgestaltung der Bundesakte stand erneut der Charakter des Bundes. War er im Sinne Württembergs und auch Russlands ein lockerer Staatenbund, ein völkerrechtlicher «Bundes-Verein»? Oder sollte er im Sinne eines engeren Bundes modifiziert werden? Bei Eröffnung der Bundesversammlung charakterisierte der österreichische Präsidialgesandte Graf von Buol-Schauenstein den Bund als Band der Kultur und Wissenschaft, als Einheit der Deutschen in der Vielheit. Der Deutsche erkenne «im Reiche des Wißens keine Nationalität». Die Deutschen könnten ihre Qualitäten am besten in einer staatenbündischen Organisationsform entwickeln. Die Hinweise auf Wissenschaft und Kunst verdeutlichten die Tendenz österreichischer Bundespolitik, die künftigen Bundesorgane nicht zu politisieren und diese möglichst nur mit administrativen Aufgaben zu betrauen. Wilhelm von Humboldt befürwortete aus preußischer Sicht eine festere Bundesstruktur. Für ihn war der Bund eine Institution, durch die Deutschland «wieder als ein Ganzes, als eine politische Einheit, wieder als Macht in der Reihe der Völker» verstanden werde. Er legte den Akzent auf die Einheit, weniger auf die Vielheit. Er wollte mit Blick auf die Befreiungskriege gegen Napoleon, durch die sich Deutschland erst wieder eines neuen Nationalbandes würdig erwiesen habe, gezielt die «nationalen Kreise» ansprechen. Humboldt sah den Bund als «kollektiven Staat», als Mischform zwischen Staatenbund und Bundesstaat. Er charakterisierte den Bund zutreffend und erkannte sein Entwicklungspotential ebenso wie seine Komplexität, als er 1816 in einem umfangreichen Memorandum schrieb, dass er «seiner ursprünglichen Bestimmung und seinem politischen Dasein nach, ein wirklicher Staatenbund ist, der sich aber zur Erreichung seines innern und äußern Zwecks in gewissen durch die Acte bestimmten Beziehungen eine Einheit und einen Zusammenhang gegeben hat, welche ihn in diesen Beziehungen zu einem Bundesstaate machen; daß also bei Bestimmung aller künftigen Verhältnisse der Begriff einer Verbindung selbständiger Staaten als die Grundidee und der Zweck, die den Bund zu einem collectiven Staat machende Einheit als Mittel zu diesem Zweck, und als etwas nur immer aus wirklichen und bestimmten Bedingungen des Grundvertrags und den ihm gesetzmäßig gegebenen Erweiterungen hervorgehendes angesehen werden muß».

Wo positionierten sich die Mitgliedstaaten im Spannungsfeld von Staatenbund und Bundesstaat? Wie konnten die «Grundidee und der Zweck» des Bundes erfüllt werden, nämlich eine handlungsfähige Einheit im Sinne eines «collectiven Staates» zu bilden, ohne dabei die Souveränität und innere Festigung der Einzelstaaten zu gefährden? Die vor allem von den süddeutschen Staaten in den Anfangsjahren des Bundes betriebene Politik der «nationalen Integration» ihrer Territorien wurde lange Zeit in der Reichshistoriographie als «antideutscher Partikularismus» und egoistische Blockadepolitik verketzert. Vergessen wird dabei, dass die deutschen Mittelstaaten die ihnen zugewiesenen Funktionen für die innere und äußere Sicherheit und für das «deutsche Gleichgewicht» nur dann erfüllen konnten, wenn sie gefestigte politisch-soziale Einheiten wurden, und damit das regionale, nationale und europäische System die angestrebte Stabilität erreichen konnte. Politische und gesellschaftliche Labilität wegen fehlender staatlicher Konsistenz dienten weder dem Bund noch seinem europäischen Umfeld.

Die Bundesakte von 1815 schuf einen Verfassungsrahmen, der staatenbündische und dann durch die Bundeskriegsverfassung auch bundesstaatliche Elemente verband. Sie bot die erforderliche Flexibilität, um die Bundesverfassung evolutionär fortzuschreiben und eröffnete somit den Bundesorganen den Weg für zeitgemäße Reformen. Wird dies berücksichtigt und die Notwendigkeit für territorial vergrößerte Bundesstaaten anerkannt, die heterogenen Teile innerhalb ihres erweiterten Staatsgebiets zu einer Staatseinheit, zu einer «Staatsnation», zusammenzuschweißen, so gewinnen die Diskussionen um die Institutionalisierung des Deutschen Bundes eine neue, positive Dimension. Wie sollte sich dieser als «kollektiver Staat» im deutschen Mehrstaatensystem entwickeln? Wie konnten die

Mitglieder ihre Interessen bei der Ausgestaltung der Bundesverfassung einbringen bzw. diese bewahren?

Die Mittelstaaten legten Wert darauf, dass die Bundesorgane möglichst wenig in die inneren Angelegenheiten ihrer Staaten eingreifen konnten und ihre Souveränitätsrechte nicht beschnitten werden würden. Sie lehnten daher die Einrichtung eines Bundesgerichts für ihre Staaten strikt ab. In der Frage der Mediatisierten wollten sie keinen Festlegungen bei der Ausgestaltung der Bundesakte zustimmen, die es dem Bund erlauben würden, in ihre innerstaatlichen Angelegenheiten einzugreifen. Die Mediatisierten sollten kein Stimmrecht in Bundesangelegenheiten erhalten. Bei der Verfassungsausarbeitung in den süddeutschen Staaten zwischen 1814 und 1819 stellten diese in ihren Konstitutionen sicher, dass die ehemaligen reichunmittelbaren Häuser in den ersten Kammern repräsentiert waren. So saßen neben den Vertretern der Mediatisierten in der Kammer der Reichsräte in Bayern zusätzlich vom König auf Lebenszeit ernannte Mitglieder. Die Bestimmungen über die landständischen Verfassungen gedachten die Bundesstaaten in Eigenverantwortung zu regeln. Dabei spielten bei den süddeutschen Staaten die Rheinbunderfahrungen eine gewichtige Rolle: Lieber den eigenen Interessen und Traditionen entsprechende Regelungen einführen, um nicht gezwungen zu sein, eine Modellverfassung, normierte Gesetze oder andere Bestimmungen einzuführen. Bayern hatte mit der Konstitution von 1808 bereits diesen Weg beschritten und damit zugleich altständische Strukturen abgeschafft.

Als es nach dem studentischen Wartburgfest 1817 in einigen Bundesstaaten zu Aufläufen und aufgrund der wirtschaftlichen Situation (Depression, schlechte Ernten, hohe Lebensmittelpreise) zu sozialen Unruhen kam, begannen in der Bundesversammlung die Beratungen über die Einführung landständischer Verfassungen wie sie in Artikel XIII der Bundesakte festgelegt worden waren. Metternich versuchte, landständische Verfassungen nach seinem Verständnis durchzusetzen. Er schürte bei den Kleinstaaten die Revolutionsfurcht, ein Druckmittel, das er bis zu seiner Ablösung 1848 immer wieder einsetzte. Auch mit Blick auf die Probleme einer «Nationalrepräsentation» in der österrei-

chischen Monarchie bemühte er sich um eine einschränkende
Interpretation von Artikel XIII. In einer Streitschrift seines Publizisten Friedrich von Gentz wurde eine Gleichsetzung von landständischer und repräsentativer Verfassung abgelehnt. In einer
Repräsentativverfassung verträten die Abgeordneten nicht das
«Interesse einzelner Stände», sondern das Volk als «Gesammt-
masse». Die Volkswahl führe zur «Demagogie», löse die Einheit
der Staatsverwaltung auf und ebne den Weg zur Anarchie. Repräsentativverfassungen seien daher mit dem Geist des Deutschen Bundes nicht vereinbar. Sie erschütterten die «Grundfes-
ten des Bundes».

Die Südstaaten beschleunigten allerdings angesichts der kritischen innenpolitischen, sozialen und wirtschaftlichen Lage ihre
Anstrengungen, in ihren Staaten Repräsentativverfassungen zu
verabschieden und zu Verfassungsstaaten zu werden, denn Repräsentativverfassungen wurden als wichtiges Mittel angesehen, um die alten und neuen Gebiete der vergrößerten Staaten
zu einem Staatsganzen zu integrieren und zu einer Identifikation
mit dem eigenen Staat beizutragen. Die Vorbereitungen in Ver-
fassungskommissionen liefen bereits seit 1814/15. Hinzu kamen nun die europäische Subsistenzkrise von 1816/17 – das
«Jahr ohne Sommer» – und die soziale Stimmungslage in der
kritischen Übergangsphase vom Krieg zum Frieden sowie die
erwähnten Bestrebungen Österreichs und anderer Bundesstaaten, den Begriff «landständische Verfassungen» im altständischen Sinne auszulegen. Eine Art Lastenteilung zwischen Herrscher und Volk spielte angesichts des enormen Schuldenstandes
am Ende der Kriege zusätzlich eine Rolle. Die neu eingeführten
Landtage, die auf der Basis des Repräsentativsystems aus zwei
Kammern bestanden – eine Zweite Kammer als Kammer der
Abgeordneten und eine Erste Kammer (Oberhaus) als Kammer
der «Reichsräte» –, waren in den politischen Entscheidungsprozess einbezogen und erhielten u. a. das Haushaltsrecht. Die Regierung musste dem Landtag einen Haushalt vorlegen, über
den dieser abstimmte. Der Landtag prüfte die Einnahmen und
Ausgaben des vorausgegangenen Haushaltsjahres. Herrscher,
Regierung und Landtag hatten die Verantwortung für die

Staatsfinanzen und damit auch für den Schuldendienst und den Schuldenabbau. Die süddeutschen Verfassungsstaaten vollzogen, anders als Österreich, Preußen und die Mehrzahl der nord- und mitteldeutschen Staaten, zwischen 1818 und 1820 durch die Einführung von Repräsentativverfassungen den Übergang vom Untertanenstaat zur staatsbürgerlichen Gesellschaft.

Nach einer grundsätzlichen Einigung zwischen Österreich und Preußen in der Teplitzer Punktation lud Metternich im August 1819 zu einer Konferenz nach Karlsbad ein. Dort sollte über Fragen der inneren Sicherheit des Bundes beraten werden. Anlass war die Revolutionsangst einiger deutscher Regierungen, die Ermordung des Schriftstellers und russischen Generalkonsuls August von Kotzebue durch den Burschenschafter Karl Ludwig Sand und als unmittelbarer Auslöser die gewalttätigen Ausschreitungen von Studenten, Handwerkern und Händlern gegen die Juden in zahlreichen deutschen und europäischen Städten (Hep-Hep-Unruhen). Die Karlsbader Ergebnisse wurden dem Bundestag im September 1819 zur Beschlussfassung vorgelegt. Dieser billigte am 20. September 1819 vier Beschlüsse:

1) Ein Preßgesetz legte die «Bestimmungen hinsichtlich der Freiheit der Presse» fest. Alle Schriften und Blätter unter 20 Bogen durften «in keinem deutschen Bundesstaate ohne Vorwissen und vorgängige Genehmhaltung der Landesbehörden zum Druck befördert werden».

2) Es wurde eine «Centralbehörde zur nähern Untersuchung der in mehreren Bundesstaaten entdeckten revolutionären Umtriebe» in Mainz eingerichtet.

3) Der «Bundesbeschluß über die in Ansehung der Universitäten zu ergreifenden Maßregeln» griff durch einen am Universitätsort residierenden, außerordentlichen landesherrlichen Bevollmächtigten in die Autonomie der Universitäten ein. Die Bundesregierungen sollten sich verpflichten, «Universitäts- und andere öffentliche Lehrer», die ihren rechtmäßigen Einfluss auf die «Gemüther der Jugend» durch die «Grundlagen der bestehenden Staatseinrichtungen untergrabende Lehren»

missbrauchen, von den «Universitäten und sonstigen Lehran-
stalten» zu entfernen.

4) Bei Unruhen in einzelnen Bundesstaaten sollte der Bund über
   die Bundesexekutionsordnung militärisch eingreifen können.

Die süddeutschen Verfassungsstaaten hatten sich in Karlsbad
Metternichs «Anschlag auf die Konstitutionen der Einzelstaaten» (Eberhard Weis) erfolgreich widersetzt. Mit den Karlsbader Beschlüssen von 1819 und den Wiener Konferenzen
1819/20 versuchten die deutschen Großmächte, vor allem in
Person des österreichischen Staatskanzlers Fürst Metternich,
den Deutschen Bund durch Bundesmaßnahmen vor der «Hydra
der Revolution» zu schützen. Wie sich 1819/20 und später zeigte, entsprach die österreichische Staatsräson nicht den Vorstellungen und dem staatlichen Selbstverständnis der Verfassungsstaaten, die es immer wieder verstanden, mit Hinweis auf ihre
Verfassungen, Bundesbeschlüsse zu unterlaufen.

Die Wiener Schlussakte von 1820 (WSA), neben der Bundesakte das zweite Grundgesetz des Deutschen Bundes, bestimmte
dessen völkerrechtlichen Charakter. Zusätzlich wurden offen
gebliebene Fragen geregelt. Hierzu gehörte der Austritt eines
Mitglieds aus dem Bund. Die Schlussakte stellte fest, der Bund
sei «als ein unauflöslicher Verein gegründet, und es kann daher
der Austritt aus diesem Verein keinem Mitglied desselben frei-
stehen» (WSA, Art. V). Geregelt wurde auch die Beitrittsfrage.
Die Wiener Schlussakte setzte für diesen Fall eine relativ hohe
Hürde, wenn festgelegt wurde, dass die Aufnahme eines neuen
Mitglieds nur erfolgen könne, «wenn die Gesammtheit der Bun-
desglieder solche mit den bestehenden Verhältnissen vereinbar
und dem Vorteil des Ganzen angemessen findet» (WSA,
Art. VI). Relevant waren auch die Festlegungen, wie sich der
Bund bei Verletzung der Neutralität des Bundesgebiets oder bei
Angriff auf ein Mitglied verhalten sollte. Bei Gefahr einer Ver-
letzung der Neutralität des Bundesgebiets sollte die Bundesver-
sammlung «ohne Verzug» die «erforderlichen Maßregeln» zur
«Behauptung dieser Neutralität» beschließen (WSA, Art. XLV).
Die Schlussakte bestimmte auch, wann der Bund zur Hilfe für
ein Mitglied verpflichtet sei. Die Schwelle für die Bundesunter-

stützung war hoch und eine Intervention des Bundes nicht selbstverständlich. Ergänzend zur Wiener Schlussakte wurde eine Exekutionsordnung verabschiedet. Sie regelte, unter welchen Bedingungen durch einen Beschluss der Bundesversammlung gegen ein Mitglied, das die Bundesgesetze verletzt hatte oder massiv gegen die Bundesordnung verstieß, eine Bundesexekution eingeleitet werden konnte. In der Wiener Schlussakte wurde dem Deutschen Bund, wenn in einzelnen Bundesstaaten die innere Ruhe und Ordnung gefährdet war, zudem ein Interventionsrecht zugestanden. Bundeshilfe musste von den Bundesregierungen angefordert werden, denn die «Aufrechterhaltung der innern Ruhe und Ordnung in den Bundesstaaten steht den Regierungen allein zu» (WSA, Art. XXV). Wird die innere Ruhe und Sicherheit des Bundes «auf irgendeine Weise bedroht oder gestört», kann der Bund «über Erhaltung und Wiederherstellung derselben Rath pflegen, und die dazu geeigneten Beschlüsse» fassen (WSA, Art. XVIII). Der Bund war zur «schleunigsten Hülfe» verpflichtet, wenn eine Regierung den Beistand des Bundes anrief, wenn «die innere Ruhe unmittelbar gefährdet, und eine Verbreitung aufrührerischer Bewegungen zu fürchten, oder ein wirklicher Aufruhr zum Ausbruch gekommen ist», und sie den Aufruhr mit eigenen Kräften nicht unterdrücken konnte. Die Wiener Schlussakte erlaubte aber auch ein Eingreifen des Bundes, sollte die Regierung «durch die Umstände gehindert werden, die Hülfe des Bundes zu begehren». Dann war die Bundesversammlung «nichts desto weniger verpflichtet, auch unaufgerufen zur Wiederherstellung der Ordnung und Sicherheit einzuschreiten» (WSA, Art. XXVI). Beide Interventionsformen sollten in der Geschichte des Deutschen Bundes vorkommen.

Die Wiener Schlussakte äußerte sich auch über das «monarchische Prinzip». Mit Ausnahme der Freien Städte gelte in dem aus souveränen Fürsten bestehenden Deutschen Bund, dass «die gesammte Staats-Gewalt in dem Oberhaupte des Staats vereinigt» bleibt und «der Souverän durch eine landständische Verfassung nur in der Ausübung bestimmter Rechte an die Mitwirkung der Stände gebunden werden» (WSA, Art. LVII) könne. Zwar formuliert die Schlussakte in allgemeiner Form, dass die Staatsgewalt beim Monarchen liege, doch die Realität der durch die Wiener Konferenzen bestätigten, nicht aufgehobenen oder zu ändernden süddeutschen Verfassungen bestimmte, beispielsweise in der bayerischen Verfassung von 1818: Der «König ist Oberhaupt des Staats, vereinigt in sich alle Rechte der Staatsgewalt und übt sie unter den von ihm gegebenen, in der gegenwärtigen Verfassungsurkunde festgesetzten Bestimmungen aus». Die allgemein gehaltenen Bestimmungen über das monarchische Prinzip bedeuteten einen Kompromiss. Die monarchische Souveränität wurde in den Verfassungsstaaten eingeschränkt. Anders als von Metternich intendiert wurde dort der Monarch zu einem «konstitutionellen» Herrscher, d. h. er war Träger der «Staats-Gewalt» und besaß bestimmenden Einfluss über die Exekutive (z. B. Ernennung und Entlassung von Ministern), war aber durch die Verfassung gebunden, die verfassungsmäßigen Rechte der Landtage, beispielsweise in Haushalts-, Steuer- und Gesetzgebungsfragen, zu achten. Ohne Zustimmung der Stände durfte er auch die Verfassung nicht ändern. Das monarchische Prinzip konnte den Gegensatz zwischen Volkssouveränität und Gottesgnadentum nicht auflösen. Das damit verbundene Ziel, «einen monarchischen Monismus in den Verfassungen der Einzelstaaten zu verankern, wurde mit dem monarchischen Prinzip nicht erreicht» (Niels Hegewisch) und begründete einen für das 19. Jahrhundert prägenden konstitutionellen Dualismus. Für Konflikte zwischen Monarch und Volksvertretung «bot das monarchische Prinzip keine Lösungsstrategien» (Niels Hegewisch). Auseinandersetzungen zwischen Monarch und Ständen, vor allem auch in Budgetfragen, und der Wunsch nach Kompetenzerweiterung der Stände wurden für den Vormärz charakteristisch.

In Wien konnte Österreich 1820 nur durchsetzen, dass zunächst keine weiteren Repräsentativverfassungen verabschiedet wurden. Diese schufen neben dem wichtigen gesamtstaatlichen Integrationseffekt vor allem auch Freiräume für das Agieren der Verfassungsstaaten in der Bundespolitik und bei der Umsetzung von Entscheidungen des Bundes, ein Aspekt, der bislang kaum

Beachtung gefunden hat. Dies galt beispielsweise für die Karlsbader Beschlüsse von 1819, für den Versuch, 1831 das badische Gesetz über die «Polizey der Presse» als im Gegensatz zu den Bundesgesetzen stehend zu verbieten, oder vor allem auch für die 1832 gefassten «Maßnahmen zur Aufrechterhaltung der gesetzlichen Ordnung und Ruhe des Deutschen Bundes» (Sechs Artikel). Derartige Bundesmaßnahmen wurden von den Verfassungsstaaten als Verletzung ihrer eigenstaatlichen Souveränitätsrechte empfunden. Ihre Herrscher betonten immer wieder, dass sie als souveräne Bundesfürsten ihre Verpflichtungen gegenüber dem Bund und seinen Gesetzen erfüllen würden, dass sie aber keine «Unterordnung» ihres Staates und seines Monarchen «unter einen gesetzgebenden Bundes-Körper und eine sogenannte Bundesgesetzgebung» anerkennen würden.

Der Widerstand gegen die veränderte Bundespolitik der Präsidialmacht nach den Karlsbader Beschlüssen und die Möglichkeiten der Verfassungsstaaten, die Bundesschlüsse mit Verfassungsargumenten zu unterlaufen, schwächten die bundespolitische Stellung Österreichs. Hinzu kam der massive Rückgang des internationalen Einflusses Österreichs als Großmacht. Das sich seit dem Aachener Kongress 1818 verändernde internationale Klima, die unterschiedliche Vertragsauslegung des erneuerten Geheimvertrags für einen erneuten Konfliktfall mit Frankreich, der Wegfall der politischen und materiellen Unterstützung Großbritanniens, die Annäherung der «anlehnungsbedürftigen» Großmacht Österreich an Russland, das ein Interventionsrecht gegen alle revolutionären Bewegungen in Europa gegeben sah und das Bündnis nicht wie Großbritannien als «Defensivallianz» verstand, bedingten eine langsame Neuorientierung der österreichischen Politik. Der Politikwechsel hin zu einer verschärften Wendung gegen liberale und republikanische Strömungen wurde mit den Kongressen von Troppau (1820), Laibach (1821) und Verona (1822) eingeleitet.

Eine Intervention in anderen Staaten als «Vorsorgemaßnahme» konnte von den Verfassungsstaaten nicht mitgetragen werden. In den 1820er Jahren bot sich ihnen die Chance, wirtschaftspolitisch, aber auch außenpolitisch eigene Ziele und

Interessen erfolgreich zu verfolgen. Die Rechtsposition der früheren Rheinbundstaaten bot manche Vorteile für ihr Agieren
in der Bundespolitik, behinderte aber zugleich auch zahlreiche
notwendige bundesgesetzliche Maßnahmen, um die Rechtsordnung zu vereinheitlichen (u. a. Urheberrecht, Angleichung
der Zivil- und Strafgesetzgebung der Bundesstaaten, Ausarbeitung eines Handelsgesetzbuchs) und an die europäischen
Entwicklungen anzupassen. Dies zeigte sich auch bei den mehrere Jahre dauernden Beratungen über eine Bundeskriegsverfassung (BKV).

Alle Bundesstaaten stimmten darin überein, dass die Schaffung einer Bundesmilitärorganisation (Art. X der Bundesakte)
für die Sicherheit und Verteidigung des Bundes zwingend notwendig war. Neben den von den Mitgliedern zu stellenden Kon-
tingenten mussten auch die Bundesfestungen festgelegt, gebaut
und über Umlagen durch die Bundesstaaten finanziert werden.
Geregelt werden mussten auch ihre Belegung und Unterhaltung.
1815 wurden Mainz, Luxemburg und Landau unter Einschrän-
kung der landesherrlichen Rechte als Bundesfestungen bestimmt. Weitere, wie Ulm, kamen in den folgenden Jahrzehnten
hinzu. Die Bundesfestungen waren Bundeseigentum. Die Verteidigungsorganisation des Bundes berührte durch die Frage nach
der Befehlsgewalt über das Militär und über die Festungen zentrale einzelstaatliche Souveränitätsrechte. Für die mindermächtigen Staaten war der Aufbau einer Militärorganisation des Bundes von existenzieller Bedeutung. Aufgabe des Bundestages und
der von ihm eingesetzten Kommission war es, den Beitrag der
einzelnen Mitglieder zur Verteidigung des Bundes in Krieg und
Frieden und die Struktur der Verteidigungsorganisation festzu-
legen. Die Sicherheitsarchitektur der Wiener Ordnung, festgelegt in offenen und geheimen Verträgen, bedingte, dass sich die
verteidigungspolitischen Planungen gegen eine mögliche französische Aggression richteten.

Einig waren sich die Bundesglieder, mit der neuen Militärver-
fassung die Mängel der alten Reichskriegsverfassung vermeiden
und eine wirkungsvolle Verteidigung des Bundesgebiets garantieren zu wollen. Bei der inhaltlichen Ausgestaltung gingen die

Meinungen wegen der divergierenden Interessen auseinander. Preußen hatte 1815 eine straffe Militärorganisation vorgeschlagen, hatte diese Forderung jedoch zurücknehmen müssen, um eine Bundesgründung nicht scheitern zu lassen. Es griff diese Pläne aber später wieder auf. Überlegungen für eine militärische Doppelhegemonie der beiden Großmächte wurden unverhohlen vom preußischen Bundestagsgesandten artikuliert. Wie die Großmächte wollte auch Hannover eine straffere Militärorganisation und mehr Kompetenzen für den Bund. Die süddeutschen Staaten hingegen widersetzten sich jeder ihre Souveränitätsrechte beschneidenden militärischen Organisationsform. Es musste ein Kompromiss zwischen Bundesexekutivvollmachten und einzelstaatlicher Militärhoheit gefunden werden. Dieser Grundkonflikt beherrschte die Beratungen des Bundesmilitärausschusses, des Militärkomitees und der Militärkommission sowie von Bundestagsgesandten und Militärexperten, und machte eine Lösung so schwierig.

Langwierig gestaltete sich auch die Aushandlung eines von allen Mitgliedern akzeptierten «Bundesmatrikels»,das die Anzahl der für die Bundeskontingente zu stellenden Soldaten festlegte. Die 1821/22 verabschiedete Bundeskriegsverfassung sah zehn Bundesarmeekorps vor. Sie war ein Kompromiss zwischen den unterschiedlichen Grundtendenzen. Je drei stellten die beiden Großmächte (I–III, IV–VI), eines Bayern (VII). Die restlichen, gemischten Bundesarmeekorps (VIII–X) wurden von den übrigen Bundesstaaten gestellt. Die Festlegungen der BKV schränkten die Militärhoheit der Mitglieder zunächst kaum ein. Betont wurde die «grundgesetzliche Gleichheit der Rechte und Pflichten», und dass «selbst der Schein von *Suprematie* eines Bundesstaates über den andren vermieden» (BKV, «Allgemeine Umrisse», Art. VIII) werden sollte. Problematisch war, dass insbesondere die einzelstaatlichen Kontingente in den «gemischten Korps» in ihren Militärverfassungen, ihrer Militärgerichtsbarkeit sowie in Bewaffnung und Ausbildung nicht angeglichen waren. Dem Bund stand keine Weisungsbefugnis zu. Jeder Bundesstaat war lediglich verpflichtet, ein Bundeskontingent zu stellen. Das Hauptkontingent musste im Frieden «so marsch- und

schlag-fertig erhalten werden, daß es vier Wochen nach der vom
Bunde erfolgten Aufforderung in allen seinen Theilen zur Verfügung des Oberfeldherrn auf die für jedes Armeecorps zu bestimmenden Sammelplätze gestellt werden könne» (BKV, «Nähere
Bestimmungen», Art. 28). Das Kontingent musste 1 Prozent –
später 1 1/6 Prozent – der Bevölkerung nach der Matrikel von
1819 (bzw. 1842, 1860) stellen. Das vorzuhaltende Reservekon-
tingent entsprach 1/3 Prozent der Matrikel, das Ersatzkontin-
gent 1/6 Prozent – später 1/3 Prozent – der Bevölkerung. Einige
Bundesstaaten – beispielsweise Bayern – nahmen während der
gesamten Existenzdauer des Deutschen Bundes keine Veränderung ihrer Matrikel als Grundlage für die Kontingentsstellung
vor. Die Ernennung eines Oberbefehlshabers sollte erst im Mo-
bilmachungsfall durch den «Engeren Rat» der Bundesversammlung erfolgen. Er wurde von dieser als der einzigen «Behörde»
des Bundes «in Eid und Pflicht des Bundes» (BKV, «Allgemeine
Bestimmungen», Art. XIII/XIV) genommen. Sein Mandat endete mit «der Auflösung des Heeres».

Durch die BKV wurden bundesstaatliche Elemente im Bund
eingeführt, auch wenn die staatenbündischen weiterhin über-
wogen. Von Anbeginn wurden Verbesserungen und Reformen
für das Bundesheer vorgeschlagen. 1830 und in der Rheinkrise
von 1840 stellte der Bund Observationskorps zur Verteidigung
des Bundesgebietes gegen einen möglichen Angriff auf. Die Erfahrungen mit dem schlechten Ausbildungs- und Ausrüstungs-
zustand der Kontingente führten zu Verbesserungen. Im Zuge
dieser Verbesserungen erhielt der Bund ein Inspektionsrecht
für die Bundeskontingente. Reformvorschläge wurden, gestützt
auf Expertisen von Militärs und Ministern, im Vormärz und
verstärkt nach 1848/49 vorgelegt. Sie scheiterten am Antagonismus der Großmächte und der unzureichenden Einigungswil-
ligkeit des «Dritten Deutschland».

4. Die Zollvereine als «Bund im Bund»

Der Übergang vom Krieg zum Frieden, von der Kriegs- zur Friedenswirtschaft ist nach großen Kriegen immer äußerst schwierig. Nach den langen Kriegsjahren mit ihren großen finanziellen Belastungen litt das deutsche Mitteleuropa unter Staatsschulden, die durch die Verbindlichkeiten der neu erworbenen Territorien noch anwuchsen. Zudem musste Mitteleuropa tiefgreifende politische, territoriale, wirtschaftliche und soziale Veränderungen meistern sowie die Behinderungen des Handels und Verkehrs, u. a. durch die Kontinentalsperre. Hinzu kamen Zollgrenzen zwischen den einzelnen Staaten, aber auch innerhalb der Einzelstaaten. Der Deutsche Bund schuf neue Rahmenbedingungen, die sich auch auf den Prozess der Industrialisierung auswirkten. Dieser führte zu Überlegungen, beispielsweise des Nationalökonomen Friedrich List, größere, zusammenhängende Wirtschaftsräume und zollgeschützte nationale Märkte zu schaffen, um die eigenen Produkte gegenüber der ausländischen Konkurrenz besser abzusichern. Die Jahre 1814/15 waren daher auch eine wichtige Wegmarke für die wirtschaftliche Entwicklung Deutschlands. Diese wurde auch von weiteren Faktoren bestimmt, wie den britischen Nachkriegsmaßnahmen zur Förderung des eigenen Exports und zum Schutz des britischen Marktes, dem Verbot der Emigration von Facharbeitern, sowie dem technologischen Vorsprung und dem besseren Vertriebssystem gegenüber den Ländern des Kontinents. Großbritannien konnte seinen Vorsprung als dominierende Handelsmacht, als «workshop of the world» ausbauen. Darüber hinaus verschärften wetterbedingte schlechte Ernten die europäische Ernährungskrise 1816/17 sowie eine Depression die politische, wirtschaftliche und soziale Lage in den Kontinentalstaaten.

Artikel 19 der Bundesakte bot die Basis für eine rasche Verbesserung der Handels-, Verkehrs- und Schifffahrtsverhältnisse im Deutschen Bund, für die Schaffung eines einheitlichen Wirtschaftsraums, eines Zollgebiets mit gemeinsamen Außenzöllen sowie den Ausbau der Infrastruktur und der Transportwege. Bundesversammlung und Bundesstaaten waren angesichts der politischen, wirtschaftlichen und sozialen Entwicklung nach den Napoleonischen Kriegen gezwungen, sich mit den Auswirkungen des britischen Handels- und Fabriksystems auf ihre Volkswirtschaften zu befassen. Der Bund reagierte jedoch zunächst nicht auf die den Bundesregierungen und dem Bundestag vorgelegten zahlreichen Flugschriften, Memoranden und Petitionen aus der politischen und wirtschaftlichen Öffentlichkeit. Er setzte erst 1819 eine Kommission ein. Ein gewichtiger Grund dafür war, dass die beiden deutschen Großmächte dem Bund nicht mit ihrem gesamten Staatsgebiet angehörten. Es blieb lange unklar, welche ihrer Provinzen zum Deutschen Bund gehören sollten. Die beiden deutschen Großmächte hatten daher kein großes Interesse an einer Bundesregelung.

Hindernisse ergaben sich auch aus der unterschiedlichen Wirtschaftsstruktur der Mitgliedstaaten. Österreich und Preußen hatten bereits 1814 verschiedene Maßnahmen zum Schutz ihrer Wirtschaft ergriffen. Preußen besaß – wie Bayern – kein geschlossenes Staatsgebiet und hatte zudem zahlreiche Enklaven. Es war an freiem Warenverkehr und der Schaffung eines (nord-)deutschen Binnenmarktes ohne Zollschranken interessiert. Mit dem Zollgesetz von 1818 und dem Münzgesetz von 1821 ergriff es zollpolitische Maßnahmen nach dem Vorbild der Rheinbundstaaten. Ein einheitlicher «Binnenwirtschaftsraum» und ein einheitliches Grenzzollsystem besaßen große Vorteile für den Handel sowie die Produzenten und waren vor allem für den Staat sinnvoll. Die Zollhoheit erforderte den Ausbau eines funktionierenden Finanzsystems und erbrachte genauere Statistiken über den Im- und Export sowie den Binnenhandel. Sie erlaubte ferner durch die relativ hohe Besteuerung der Kolonialwaren eine Mehrung der Einnahmen und erzwang infrastrukturelle Verbesserungen, beispielsweise bei den Haupthandelsstraßen. Preußen und Bayern strebten Zollvereine auch deswegen an, um wirtschaftlich eine Brücke zwischen Kernstaat und Außenprovinzen zu schlagen. Doch weder die Beratungen der Bundeskommission zu Artikel 19 noch die Darmstädter Zollkonferenzen 1820 brachten Fortschritte.

Mitte der 1820er Jahre verhandelten die Südstaaten vor dem Hintergrund der europäischen Agrar- und Absatzkrise letztlich erfolglos über einen gemeinsamen Zollverein. Zustande kam lediglich 1828 ein Zollverein zwischen Bayern und Württemberg sowie ein weiterer zwischen Preußen und Hessen-Darmstadt. Beide Zollvereine richteten sich gegen das «englische Handelsmonopol». Im gleichen Jahr wurde auf Initiative Hannovers der «Mitteldeutsche Handelsverein» (Neutralitätsverein) gegründet, um die Transitwege von den deutschen Seehäfen nach Böhmen, Südosteuropa, der Schweiz und Italien freizuhalten. Damit existierten 1828 drei Zollvereine im Bund, die sich um die Mitgliedschaft weiterer Staaten, vor allem Badens, bemühten. 1831 gelang es Preußen schließlich, Kurhessen aus dem Mitteldeutschen Handelsverein herauszulösen und mit dem nunmehr ungehinderten Nord-Süd-Transit im Preußisch-Hessen-Darmstädtischen Zollverein eine Brücke zu seinen Rheinprovinzen zu schlagen. Ursache hierfür waren die Julirevolution in Frankreich und ihre Ausstrahlungen auf die deutschen Bundesstaaten, der politische und militärische Druck Preußens, die drastischen Einnahmeverluste des Kurfürstentums, die angespannte politische, wirtschaftliche und soziale Lage und die damit verbundenen Unruhen im Lande sowie die unrühmliche «Maitressenwirtschaft» des Kurfürsten.

Österreich, das durchaus die Folgen des zollpolitischen Konzentrationsprozesses für die preußische Stellung im Bund erkannte, verhielt sich seltsam passiv. Es wollte sich nicht eingestehen, durch seine Bundespolitik bei den Klein- und Mittelstaaten seit Mitte der 1820er Jahre zunehmend an Ansehen und Einfluss verloren zu haben. Die selbstbewussten Bundesstaaten wollten den Bund nicht als ein «größeres Österreich» verstanden wissen, da sie eigene staatliche, politische und wirtschaftliche Interessen verfolgten. Preußen erwartete, dass die Mitglieder seines Zollverbunds ihm automatisch auch politisch folgen würden. Diese Hoffnungen erfüllten sich bis zum Ende des Bundes nicht. Wirtschaftspolitisch gingen die Mitglieder, wenn auch nicht ohne Konflikte, durchaus mit Preußen, nicht aber zwingend in Fragen der Bundespolitik. Bereits vor dem Beitritt zum Preußisch-Hessen-Darmstädtischen Zollverein hatte sich Kurhessen dem Bayerisch-Württembergischen Zollverein angenähert. Eine Rolle spielte hierbei die antibritische Stimmung in der Wirtschaft der deutschen Staaten seit den Kriegen und die Forderung, die britische «Vorherrschaft» durch zollpolitische Zusammenschlüsse zu brechen. Preußen nutzte die Krisenjahre nach der französischen Julirevolution, um die beiden Zollvereine schließlich zusammenzuführen, und gründete am 1. Januar 1834 den Deutschen Zollverein.

In der Folgezeit traten immer mehr Bundesstaaten dem Zollverein bei – die zweite deutsche Großmacht Österreich allerdings nicht. Bei den Beitritten spielten fiskalische Überlegungen ebenso eine gewichtige Rolle wie die in den folgenden Jahrzehnten verwirklichten Infrastrukturmaßnahmen für das Zollvereinsgebiet, z. B. der Eisenbahnbau. Zudem gab Großbritannien seine Antizollvereinspolitik relativ schnell auf und betrieb stattdessen eine Politik des Arrangements und der Investitionen im Zollvereinsgebiet. Zu Recht erwarteten die Briten, dass aufgrund der höchst unterschiedlichen Wirtschaftsstruktur der Mitgliedstaaten – hier Preußen mit industriellen Wachstumskernen, dort das weitestgehend agrarische Bayern – eine Liberalisierung und Marktöffnung in der Zollvereinspolitik eintreten werde. Auch Frankreich befürchtete wegen der lediglich «moderat protektionistischen» Zölle keine negativen Auswirkungen für seinen Handel mit den deutschen Staaten.

Mit dem Deutschen Zollverein war 1834 ein Sonderbund innerhalb des Deutschen Bundes entstanden. Der Zollverein war rechtlich mit der Bundesakte vereinbar. Er war ein «Bund im Bund», dessen Mitglieder sowohl dem Deutschen Bund als auch dem Zollverein angehörten. Der Zollverein erfüllte teilweise Artikel 19 der Bundesakte über Handel, Verkehr und Schifffahrt. Er war in seinen Vertragsinhalten nicht gegen den Bund gerichtet, blieb offen für den Beitritt aller Mitglieder und hätte zu einem Bundeszollverein unter Einbeziehung des Gesamtgebiets beider deutscher Großmächte werden können. Dass dieses Ziel nicht erreicht wurde, lag an der Inaktivität des Bundestags, dem die Ausgestaltung von Artikel 19 indirekt als Aufgabe zugewiesen worden war. Vor allem Österreich, das Bundesinitiativen hätte ergreifen können, zeigte anfangs Desinteresse. Als es nach 1848/49 an der Mitgliedschaft in einem größeren Zollverband interessiert war, scheiterte dieses Anliegen vor allem am Antagonismus mit Preußen und am Egoismus der deutschen Einzelstaaten.

Der Zollverein schlug einen Mittelweg zwischen Protektionismus und Freihandel ein. Zu seinen Grundbestimmungen gehörten, wie der Brockhaus von 1834 formulierte, die «Freiheit des inneren Verkehrs mit Aufhebung aller Binnenzölle; nicht Prohibition, sondern Zulassung ausländischer Erzeugnisse gegen mäßige Abgaben; Erleichterung ihres Eingangs auf dem Wege von Handelsverträgen mit Zugrundlegung der Reciprocität; Erhebung aller Zölle an der äußersten Grenze; finanzielle Gleichstellung der Vereinsstaaten nach der Maßgabe ihrer Volkszahl». Er setzte Rahmenbedingungen, die in achtjährigem Abstand auf Zollvereinskonferenzen angeglichen werden mussten, und beschnitt die Souveränität der mindermächtigen Mitglieder nicht. Für die sich entwickelnde Industrie bot er Schutz, erlaubte aber grundsätzlich den Import von Industriewaren und setzte damit die Industrie im Zollvereinsbereich einem «entwicklungsfördernden Konkurrenzdruck» aus. Mit Blick auf den Gesamtbund bedeutete das Nebeneinander von Bund und Zollverein einen Prozess der unterschiedlichen Geschwindigkeiten in der wirtschaftlichen und industriellen Entwicklung des deutschen Mitteleuropa.

Ziel der Zollvereinsgründung war nicht die Verwirklichung eines kleindeutschen Nationalstaats. Die späteren Heppenheimer Forderungen von 1847 «Vom Zollverein zum Vollverein» waren nicht das zentrale Motiv für die Gründung, vielmehr standen im Vordergrund «kurzfristige, partikularistische finanzpolitische Interessen» (Richard H. Tilly). Der Zollverein bedeutete daher auch keine Weichenstellung, auch wenn er die Reichsgründung 1870/71 mit begünstigte und die innere Nationsbildung beförderte. Die Zollunion basierte auf einem Interessenausgleich und einer Interessengemeinschaft ihrer Mitglieder. Sie begünstigte die Angleichung der einzelstaatlichen Wirtschaftsgesetzgebungen. Der vergrößerte Wirtschaftsraum Zollverein schuf stabile handelspolitische Verhältnisse, leitete die «monetäre Integration» zwischen den Staaten der Gulden- und Talerzone durch feste Wechselkurse ein und besaß eine langfristige Bedeutung für den Industrialisierungsprozess.

5. Zwischen Hambacher Fest und Rheinkrise (1830–1840)

Die französische Julirevolution brach 1830 ohne Vorwarnung über Europa herein. Sie stürzte den Kontinent in eine mehrjährige Krise, die wiederholt an den Rand eines Krieges führte. Die Revolution wurde durch den Sieg des liberalen Bürgertums, durch die Einsetzung des Bürgerkönigs Louis Philippe zum «König der Franzosen» schnell beendet und so eine Radikalisierung verhindert. Der Erfolg der liberalen Reformbewegung, die neue Verfassung und die stärkere Beteiligung der Bürger am politischen Prozess strahlten auf das europäische Umfeld Frankreichs aus. In einigen deutschen Bundesstaaten kam es zu Unruhen und Aufständen mit regional unterschiedlichen Motiven und Ursachen. Auf der Ebene der agrarischen und gewerblichen Unterschichten hatten sie stärker soziale und ökonomische Hintergründe und bezogen sich auf die Entwicklung von Löhnen und Preisen, die Freisetzung von Arbeitskräften, Steuern und Zölle. Im September 1830 erfassten die Ausschreitungen zunächst die kleineren nichtkonstitutionellen Staaten wie Kurhessen und Braunschweig, aber auch größere wie Hessen-Darmstadt, Sachsen, Hannover und Teile der preußischen Rheinprovinz. Verschiedene Bundesregierungen ergriffen Maßnahmen, um den «Klagen über Theuerung» zu begegnen und die Folgen von Überschwemmungen, schlechter Witterung und verdorbenen

Ernten durch Absenkung der Importzölle für Getreide und durch Preiskontrollen abzufedern. In den Verfassungsstaaten kam es zu «stürmischen Landtagen». Die selbstbewussten Landtage forderten konstitutionelle Zugeständnisse und griffen erneut Forderungen auf, die seit ihren konstituierenden Sitzungen 1819 immer wieder erhoben worden waren: Vereidigung der Armee auf die Verfassung, Ministerverantwortlichkeit, uneingeschränkte Pressefreiheit, Initiativrecht bei der Gesetzgebung und Verkürzung der Finanzperiode von sechs auf zwei Jahre.

Österreich und Preußen verfolgten die Auseinandersetzungen in den Landtagen und die Unruhen in zahlreichen Bundesstaaten, die die Existenz des Bundes hätten gefährden können, mit Sorge. Seit dem Spätjahr 1830 gab es Überlegungen, den Bund aufzulösen und das «Dritte Deutschland» zu neutralisieren. Österreich zeigte eine gewisse Bundesmüdigkeit, zumal die Mittelstaaten nicht mehr bereit waren, sich einem bundespolitischen Diktat der beiden deutschen Großmächte zu beugen und Eingriffe in ihre inneren Angelegenheiten zuzulassen. Gleiches galt für die Bundesvertretung nach außen. Der Bund hatte damit auch für Österreich seine Funktion als erweiterte Machtbasis verloren. In den Südstaaten wurden Sonderbundpläne sowie eine bewaffnete Neutralität erörtert. Triasgedanken wurden erneut aufgegriffen. Preußen versuchte die österreichische Bundesmüdigkeit für seine Interessen auszunutzen. Es schlug den Südstaaten den Abschluss von Militärkonventionen vor, die letztlich aber nicht zustande kamen.

Die Landtage der Verfassungsstaaten beschlossen 1830/31 Gesetze, wie das badische Gesetz über die «Polizey der Presse», die scheinbar, vor allem aus der Sicht Wiens, *nicht* in Einklang mit den Gesetzen des Bundes standen. Die deutschen Großmächte wollten am badischen Gesetz ein Exempel statuieren und ihre Macht im Bund demonstrieren. Eine Bundeskommission kam zu dem Ergebnis, dass das badische Gesetz den Rechtsnormen des Bundes widerspreche und sofort aufgehoben werden müsse. Baden und die anderen konstitutionellen Staaten widersetzten sich diesem Beschluss. Sie argumentierten, dass ihre Verfassungsurkunden Vorrang vor der Wiener Schlussakte hätten. In den Auseinandersetzungen zwischen den deutschen Großmächten und ihren Parteigängern sowie den Verfassungsstaaten deutete sich bereits eine ideologische Blockbildung an, die in den 1830er Jahren Europa in ein konservatives und ein liberales Lager spaltete und unmittelbaren Einfluss auf die Lösung europäischer Konflikte hatte. Die ideologische Demarkationslinie ging mitten durch den Deutschen Bund.

Mit dem Hambacher Fest an Pfingsten 1832 kam es zu einem ersten Höhepunkt des «revolutionären Fiebers». Offensichtlich von langer Hand in einer linksrheinischen Region vorbereitet, in der die napoleonische Gesetzgebung (Code Napoléon) und die Pressefreiheit uneingeschränkt fortbestanden, wurde das Fest zur Feier der bayerischen Verfassung von 1818 durch radikale und demokratische Gruppen umfunktioniert. Die Teilnehmer kamen aus zahlreichen deutschen Staaten sowie aus Frankreich und Polen. Die Sprecher forderten ein Ende der Fürstenherrschaft und die Gründung einer unteilbaren, einigen deutschen Republik. Der Journalist Johann Georg Wirth rief die Teilnehmer dazu auf, mit den Patrioten aller Nationen, die bereit seien, ihr Leben für Freiheit und Völkerglück einzusetzen, die Voraussetzung für eine deutsche und europäische Einigung zu schaffen, und beendete seine Rede mit «Hoch! Dreimal hoch leben die vereinigten Freistaaten Deutschlands! Hoch! Dreimal hoch das conföderirte republikanische Europa!»

Das Hambacher Fest wertete nicht allein Metternich als ein Alarmzeichen. Auch ausländische Beobachter sahen die Entwicklung mit Sorge. Es gehe nicht mehr nur um die Alternative zwischen liberaler Reform und absoluter Fürstenherrschaft. Hambach habe der Entwicklung eine völlig neue Richtung gegeben. Es sei eine revolutionäre Strömung hinzugekommen, mit der die Verfechter einer «gesunden» liberalen Entwicklung nichts gemein hätten. Um dem Aufruhr im Südwesten keinen weiteren «legalen Tummelplatz» zu eröffnen, verständigten sich Österreich und Preußen auf gemeinsame Maßnahmen im Bundestag, die am 28. Juni 1832 in sechs Artikeln angenommen wurden. Diese beschnitten das landständische Petitionsrecht, das Verfassungsauslegungsrecht der Juristischen Fakultäten, das einzelstaatliche Recht der Mittel- und Steuerverweigerung für die Erfüllung von Bundesaufgaben und das Gesetzgebungsrecht sowie das Recht auf Rede- und Berichtsfreiheit. Es wurde auch eine Bundesüberwachungskommission zur «Demagogenverfolgung» eingesetzt. Großbritannien und Frankreich – in ihrem Selbstverständnis als Garantiemächte des Deutschen Bundes – protestierten in Wien und Berlin gegen die «Sechs Artikel», in denen sie eine Einmischung in die inneren Angelegenheiten der Mitglieder sahen. Auch das in Personalunion mit Großbritannien verbundene Hannover legte Widerspruch ein. Die Noten der Westmächte zeigten Wirkung. Die Bundesmaßnahmen wurden nicht in vollem Umfang umgesetzt, und die Verfassungsstaaten nutzen ihr Recht, über die Form der Veröffentlichung des Bundesbeschlusses selbst zu entscheiden.

Die seit dem Herbst 1830 insbesondere in den Staaten ohne Verfassung auftretenden Unruhen, der Aufschwung des Liberalismus und schließlich die nach der Abtrennung Belgiens vom Königreich der Vereinigten Niederlande verabschiedete liberale belgische Verfassung von 1831 als europäische Modellverfassung bestärkten die Forderung, Repräsentativverfassungen gemäß Artikel 13 in allen Bundesstaaten einzuführen. Im Januar 1831 wurde in Kurhessen eine Repräsentativverfassung in Kraft gesetzt, die als das «liberalste der Grundgesetze des deutschen Vormärz» (Hellmut Seier) galt. Unter dem Druck von Protesten und Volksaufläufen, die konfessionell, sozial, wirtschaftlich und politisch motiviert waren, verabschiedete Sachsen im September 1831 eine konstitutionelle Verfassung. Im Königreich Hannover war es seit Januar 1831 zu Unruhen gekommen, die sich schnell über den Süden des Landes ausbreiteten. Ursache waren die Getreidepreise sowie die Forderungen nach Senkung der Steuern und der Importzölle. Die plötzlich in Deutschland auftretende Geldknappheit ließ zunächst für Steuersenkungen keinen Spielraum. Der Unmut und die Kritik richteten sich gegen die Regierung, weniger gegen den König.

1814/15 war Hannover als territorial vergrößerter Staat wiederhergestellt worden. Seine Probleme bei der Zusammenführung von Gebietsteilen mit unterschiedlichem Modernisierungsstadium ähnelten denen der Südstaaten. Anders als dort fehlte in Hannover allerdings der Reformvorlauf aus der napoleonischen Ära. Die Versuche, die Integration durch Zentralisierung herbeizuführen, einen Gesamtlandtag als integrative Klammer und eine Repräsentativverfassung einzuführen, sowie eine Partizipation der Bürger am politischen Prozess scheiterten nach 1815 am regionalen Widerstand des Adels. Nach langwierigen und zähen Verhandlungen kam es schließlich 1832 zu einem Verfassungskompromiss. Die konstitutionelle Verfassung wurde im September 1833, trotz des Einspruchs des künftigen Königs von Hannover, Ernst August, in Kraft gesetzt. Sie basierte auf einem Zweikammersystem und war ihrem Charakter nach ein Kompromiss zwischen liberalen und konservativen Vorstellungen. Auch Hannover trat nun in die Reihe der Verfassungsstaaten im Bund ein. Damit waren seit 1832/33 alle Mittelstaaten des Deutschen Bundes konstitutionelle Staaten. Und es bestanden gute Aussichten, dass die Verfassungsstaaten bald eine Mehrheit im Bund bilden würden. Mit der in naher Zukunft zu erwartenden Thronbesteigung Friedrich Wilhelms IV. verband sich zudem die ebenso kühne wie unberechtigte Hoffnung, dass auch in Preußen bald eine Verfassung eingeführt werden könnte. Damit schienen sich realistische Chancen für Reformen und eine konstitutionelle Weiterentwicklung des Bundes zu eröffnen.

Wenn es dazu nicht kam, so hatte dies auch mit den Entwicklungen im europäischen Mächtekonzert zu tun. In den internationalen Krisen 1830/31 und auch angesichts der Stärkung der liberalen Kräfte in den europäischen Staaten hatte sich bereits abgezeichnet, dass in einer pragmatischen, vom nationalen Interesse geprägten Politik der europäischen Großmächte nun auch ideologische Faktoren an Bedeutung gewannen. 1834 institutionalisierte sich die liberale Quadrupelallianz zwischen Großbritannien, Frankreich, Spanien und Portugal im Westen. Im Osten bekräftigte das Abkommen von Münchengrätz dagegen die konservative Zusammenarbeit von Russland, Österreich und Preußen. Die ideologische Blockbildung erschwerte die Regelung ungelöster Konflikte. Dies betraf zum einen die Belgisch-

Luxemburgische Frage. Das Großherzogtum Luxemburg war in Personalunion mit dem Königreich der Vereinigten Niederlande verbunden, gehörte aber anders als Letzteres zum Deutschen Bund. Mit der belgischen Revolution von 1830 und dem Zerfall des Königreichs der Vereinigten Niederlande war auch die territoriale Integrität Luxemburgs in Frage gestellt. Erst 1839 konnte dieser langjährige Krisenherd beseitigt werden. Belgien wurde neutralisiert. Der Deutsche Bund erhielt mit dem Herzogtum Limburg eine Kompensation für die an Belgien abgetretene luxemburgische Provinz Arlon. Zusätzliche Stabilität erhielt die Region durch die 1840 erfolgte Entscheidung der Niederlande, künftig eine selbst auferlegte Politik der außenpolitischen Neutralität zu verfolgen.

Zum anderen belastete die wieder aufgeflammte Orientalische Frage, der Streit um Erhalt oder Aufteilung des geschwächten Osmanischen Reiches, die Beziehungen der Großmächte. Russland strebte danach, sich die Kontrolle der Dardanellen zu sichern und damit einen freien Zugang zum Mittelmeer zu erlangen, was insbesondere Österreich, Großbritannien und Frankreich zu verhindern trachteten. Interessengegensätze zwischen Großbritannien und Frankreich auf der Iberischen Halbinsel und im Mittelmeer ließen die liberale Allianz schon 1838/39 zerbrechen und führten zu einer britisch-russischen Annäherung. Als Frankreich einen Aufstand des ägyptischen Vizekönigs gegen die Osmanen unterstützte, um seinen Einfluss im Mittelmeerraum auszudehnen, war die Konstellation der Allianz von 1814 wiederhergestellt. Die Rückkehr zu den Grundlagen der Viererallianz von Chaumont ließ ideologische und verwandtschaftliche Motive in den Hintergrund treten. Großbritannien, Russland, Österreich und Preußen einigten sich 1840 im Londoner Vertrag auf ein gemeinsames Vorgehen zugunsten Istanbuls und zwangen Frankreich, seine Unterstützung Ägyptens aufzugeben. 1841 wurde schließlich im von allen fünf Mächten unterzeichneten Dardanellen-Vertrag eine pragmatische Regelung der Meerengenfrage gefunden, die die Dardanellen für alle nichtosmanischen Schiffe sperrte.

Die Niederlage Frankreichs in dieser «Orientkrise» hatte unmittelbare Auswirkungen auf den Deutschen Bund. Durch die diplomatische Demütigung seitens der Siegerkoalition von 1814 kam es zu einer Aufwallung nationalistischer Stimmungen, die von Regierungsseite auf territoriale Forderungen in Europa abgelenkt wurden. Das französische Interesse richtete sich nun verstärkt auf die linksrheinischen Gebiete des deutschen Bundes. In der Nationalversammlung, in der Publizistik und in Liedern wurde die Wiedergewinnung des linken Rheinufers und der «natürlichen Grenzen» Frankreichs gefordert. Ein Krieg gegen den Deutschen Bund schien in der Luft zu liegen. Auch in Deutschland führte die damit ausgelöste «Rheinkrise» von 1840 zu nationalistischen Reaktionen und einer emotionalen antifranzösischen Stimmung. Charakteristisch waren Publikationen, Flugschriften, «Rheinlieder» und Gedichte über den deutschen Rhein. Nationale Forderungen aus den Befreiungskriegen zur Rückgewinnung des Elsass, Lothringens und der Franche-Comté wurden wieder laut.

Im Deutschen Bund überlagerte die Rheinkrise allerdings einen innenpolitischen Konflikt, der für dessen weitere Entwicklung zentral war: den hannoverschen Verfassungskonflikt. Nach dem Tod des kinderlosen britischen Königs Wilhelm IV. wurde 1837 die Personalunion zwischen Großbritannien und Hannover aufgehoben. Während ihm im Vereinigten Königreich seine Nichte Victoria nachfolgte, brachten die hannoverschen Erbregelungen den Herzog von Cumberland als Ernst August I. auf den dortigen Thron. Der neue König hob bei seinem Amtsantritt die von ihm nie akzeptierte 1833 erlassene Verfassung auf und löste damit den hannoverschen Verfassungskonflikt aus. Bis heute ist der Protest von Göttinger Professoren, den «Göttinger Sieben», gegen diesen Schritt legendär. Damals wurde er zum Symbol für den Kampf um liberale Reformen in den Staaten des Deutschen Bundes und war eine wichtige Etappe in der deutschen Verfassungsbewegung.

Von den deutschen Verfassungsstaaten wurde eine Unterstützung des Widerstandes erwartet, insbesondere weil die Wiener Schlussakte bestimmte, dass die «bestehenden landständischen Verfassungen» nur «auf verfassungsmäßigem Wege wieder abgeändert werden» könnten. Der Bundestag war zum Eingreifen verpflichtet, zumal die hannoversche Ständeversammlung, die Stadt Osnabrück und weitere Städte und Einzelpersonen Verfassungsbeschwerde bei der Bundesversammlung eingelegt hatten und auch die Verfassungsstaaten unter Führung Bayerns den Bund aufforderten zu prüfen, ob die Aufhebung der Verfassung Bundesrecht verletzte. Als Österreich und Preußen die Beratung verzögerten, lehnten die Verfassungsstaaten und die Freien Städte eine Vertagung ab, da diese auf das «Vertrauen in die Handhabung des Rechtszustandes im Bunde unwiederbringlich zerstörende» Wirkung haben werde. Radikale Kräfte würden durch den Verfassungsbruch Auftrieb bekommen.

In dieser Situation instrumentalisierte Metternich geschickt die französischen Kriegsdrohungen und Rüstungen des Jahres 1840. Denn insbesondere die mindermächtigen Staaten des Deutschen Bundes fürchteten einen möglichen Krieg mit Frankreich und verbanden zum Teil Existenzängste mit den französischen Drohungen. So konnte Metternich die eigentlich sichere Mehrheit für den Vorwurf, Hannover verletze Bundesrecht, verhindern. Im Engeren Rat erreichte die österreichisch-preußisch-hannoversche Position, dass die Aufhebung der Verfassung rechtens gewesen sei mit ihrer kleinstaatlichen Klientel 1840 eine knappe Mehrheit gegenüber dem konstitutionellen Lager. Die «süddeutsche Opposition» schien zum Schweigen gebracht.

Mit dem Interesse Österreichs, Preußens und ihrer Klientel an der «rein erhaltenden Gestalt» des Deutschen Bundes in den Jahren 1838–1841 wurden die Chancen für die Fortentwicklung des Bundes und einer die Landesgrenzen überschreitenden Einbindung der National- und Verfassungsbewegung in den Reformprozess des Bundes verspielt. Er verlor als Rechtsinstitution seine Aufgabe als Hort der Sicherung der einzelstaatlichen Rechte und der Individualrechte der Bürger – Letzteres zeigen die zahlreichen Petitionen an den Bundestag – und wurde nicht zum Kristallisationspunkt einer konstitutionellen Verfassungsentwicklung. Die Überlagerung des außenpolitisch-europäischen Rheinkonflikts und des hannoversch-bundespolitischen Verfassungskonflikts erhielt eine Katalysatorfunktion für die

Neuorientierung der liberalen Verfassungsbewegung und die Ausbildung eines deutschen Nationalliberalismus. Hinzu kam, dass sich Österreich und Preußen erneut außerhalb des Bundesrechts in militärpolitischen Fragen verständigt hatten. Auch dies hatte langfristige Folgen für die Entwicklung des Bundes nach der gescheiterten Nationalstaatsgründung in den Jahren 1848–1851. Die Rheinkrise und der hannoversche Verfassungskonflikt hatten die repressive, am Status quo interessierte Bundespolitik der beiden deutschen Großmächte zementiert. Sie waren an der eigenen Machtsicherung und an der Wiederherstellung ihres Einflusses im Bund interessiert. Sie versuchten daher von bundesinternen Konfliktlinien abzulenken. Es ging ihnen nicht darum, die gemeinsamen Rechtsgrundlagen der mitteleuropäischen Föderativordnung zu wahren und fortzuentwickeln. Sie stellten ihr Eigeninteresse über das Gesamtinteresse des Bundes. Das Versagen der Bundesversammlung in der hannoverschen Verfassungsfrage wurde jedoch dem «Gesamtbund in die Schuhe geschoben» und diskreditierte sein Ansehen in Deutschland auf Dauer.

6. Die Revolutionen in Europa und die gescheiterte deutsche Nationalstaatsgründung (1848–1851)

Wie der französischen Julirevolution von 1830 gingen auch den europäischen Revolutionen von 1848/49 schlechte Ernten, Hungerkrisen und eine europäische Agrar-, Absatz- und Gewerbekrise voran sowie seit 1846/47 eine moderne Wachstumskrise. Ursachen für die Revolutionen waren neben sozialem und wirtschaftlichem Sprengstoff vor allem auch rechtliche und dynastische Probleme sowie nationale Fragen. Erste revolutionäre Vorgefechte lassen sich seit 1846 feststellen. Dabei ist es für die Analyse wichtig, dass es keine erkennbaren Zusammenhänge zwischen regionalen und innerstaatlichen an der mitteleuropäischen Peripherie auftretenden Krisen und Konflikten gab. Zu nennen sind die Aufstände in Polen und in der Republik Krakau – Letztere wurde 1846 als «flagranteste Rechtsverletzung im europäischen Staatensystem» (Matthias Schulz) von Österreich annektiert –, des Weiteren die dänische Erbfolgefrage, verknüpft mit dem aufkommenden Skandinavismus und dem Ziel einer Verfassung für den dänischen Gesamtstaat unter Einschluss der Herzogtümer Schleswig *und* Holstein seit 1844/46, der Schweizer Sonderbundskrieg von 1847, der Aufruhr in Sizilien gegen die spanischen Bourbonen und gegen die Habsburger in der Lombardei. Trotz ähnlicher Ursachen waren die «sozialen Dimensionen» unterschiedlich. Der revolutionäre Funke sprang von Sizilien und der Lombardei ausgehend auf Frankreich über und löste in nahezu allen europäischen Staaten Revolutionen aus. In Frankreich wurde die Julimonarchie beseitigt und rasch durch die zweite Republik abgelöst. Betroffen waren auch Staaten des Deutschen Bundes.

Statt eines hauptstädtischen Revolutionsschwerpunkts wie in der französischen Februarrevolution gab es im föderalistischen Deutschland mehrere Zentren des Geschehens. Abgesehen von Baden im Jahre 1848 und 1849, Sachsen und der Pfalz 1849 kam es in den deutschen Verfassungsstaaten nicht zu revolutionären Ausschreitungen. Die Unruhen in verschiedenen Bundesstaaten hatten unterschiedliche Motive. In Preußen und Österreich, aber auch in Hamburg und den mecklenburgischen Großherzogtümern, die keine modernen Verfassungen besaßen, kam es zur Revolution. Die Verfassungsbewegung des liberalen Bürgertums hatte sich seit der Neuorientierung des Liberalismus zu einem «einheitlichen Kraftfeld» vernetzt. Das war auch eine Reaktion auf die Behandlung der hannoverschen Verfassungsfrage, durch die der Deutsche Bund seine Glaubwürdigkeit verspielt hatte.

Im Falle des Deutschen Bundes ist der in der Regel für das Geschehen in Deutschland 1848/49 benutzte Begriff «Deutsche Revolution» unzutreffend. 1848/49 spielten erneut die drei Handlungsebenen deutsche Einzelstaaten, die nationale «Frankfurter» Ebene sowie die der europäischen Umwelt Mitteleuropas eine Rolle. Die Revolution, sofern sie überhaupt stattfand, stieß in den meisten deutschen Klein- und Mittelstaaten auf geringen Widerstand. In den Verfassungsstaaten wurden die liberalen «Märzforderungen» erfüllt und neue Ministerien eingesetzt. Stärker als vorher wurden die Landtage Partner bei der Ausübung der Staatsgewalt. Die verfassungslosen Bundesstaaten setzten Kommissionen zur Ausarbeitung von Repräsentativverfassungen ein.

In Österreich und Preußen brach die Revolution im März 1848 aus. Zentren waren Budapest, Wien, Prag und Berlin. Als sich die Revolutionen nicht mit militärischen Mitteln niederschlagen ließen, wurden auch in Wien und Berlin Märzministerien eingesetzt. Das Geschehen in den einzelnen Bundesstaaten hatte unmittelbare Rückwirkungen auf die nationale deutsche und die europäisch-internationale Ebene. Der Impuls für den Systemwechsel in den nichtkonstitutionellen Bundesstaaten war von der Frankfurter Ebene ausgegangen. Die Bundesversammlung hatte bereits am 1. März die Initiative ergriffen und in einem Aufruf an «alle Deutschen» versichert, alles zu unternehmen, «um gleich eifrig für die Sicherheit Deutschlands nach Außen, so wie für die Förderung der nationalen Interessen und des nationalen Lebens im Innern zu sorgen». Am 9. März beschloss sie, «den alten Reichsadler» und «die Farben des ehemaligen deutschen Reichspaniers – schwarz – roth und gold – zu Wappen und Farben des Deutschen Bundes» zu erklären. Der Bundestag reagierte damit auch auf die Reformforderungen und nationalpolitischen Ziele der «Märzadressen». Es wurde ein «Siebzehnerausschuss» mit «Männern des Vertrauens» eingesetzt. Er sollte auf der Grundlage der Bundesakte eine neue Verfassung ausarbeiten. Die Bundesstaaten würden so am Verfassungsgebungsprozess beteiligt.

Für die größeren deutschen Staaten waren vor allem zwei Komponenten bei der Ausarbeitung einer neuen Verfassung von grundlegender Bedeutung: eine Volksvertretung auf repräsentativer Grundlage und eine zentrale Rolle der Bundesstaaten bei der Ausgestaltung einer deutschen Gesamtverfassung. Eine Reform der Bundesinstitutionen sollte auf gesetzlichem Wege in

Frankfurt erfolgen. Die Märzregierungen hatten signalisiert, ihr Ziel sei ein deutscher Nationalstaat als konstitutionelle Monarchie auf föderativer Grundlage. Der Siebzehnerausschuss und das vom 31. März bis 3. April 1848 in der Paulskirche tagende Vorparlament – es setzte dann den Fünfzigerausschuss ein – hatten in Kooperation mit der Bundesversammlung ihre Arbeit aufgenommen, um eine Nationalverfassung und Wahlen für eine Nationalversammlung vorzubereiten. Ende März stellte sich für die Bundesversammlung die Frage, wie die «zu entwerfende Bundesverfassung» in Kraft zu setzen sei. Sie dürfe nicht oktroyiert werden, sondern müsse durch die freie Zustimmung der Regierungen und des Volkes «zur Gültigkeit gebracht werden». Der von der Bundesversammlung und dem Siebzehnerausschuss «ausgehende Entwurf einer neuen Bundesverfassung [müsse] einer aus allen Bundesstaaten gewählten constituirenden Volksversammlung zur Annahme vorgelegt werden». Zur Beschleunigung des Revisionsverfahrens beschloss die Bundesversammlung in allen zum Deutschen Bund gehörenden Provinzen sofort «Wahlen von Nationalvertretern» anzuordnen.

Die Nationalversammlung trat am 18. Mai 1848 in Frankfurt zusammen. Der Siebzehnerausschuss hatte Ende April 1848 einen von Friedrich Christoph Dahlmann ausgearbeiteten «Entwurf des deutschen Reichsgrundgesetzes» vorgelegt, der auch einen Artikel über die «Grundrechte des deutschen Volkes» enthielt. Die aus Volkswahlen hervorgegangene Nationalversammlung verstand sich als alleiniger Souverän des deutschen Volkes. Mit diesem Selbstverständnis verließ sie die gemeinsame Grundlage der Beschlüsse der Bundesversammlung, des Siebzehnerausschusses und des Vorparlaments, die festgelegt hatten, dass eine neue Verfassung gemeinsam von Regierungen und Volksvertretern erarbeitet werden und durch «freie Zustimmung» beider in Kraft gesetzt werden sollte. Die Entscheidung der Nationalversammlung, die Bundesstaaten nicht am verfassungsmäßigen Umgestaltungsprozess vom Deutschen Bund zum deutschen Nationalstaat zu beteiligen, musste zu Konflikten führen. Auseinandersetzungen zwischen der Nationalversammlung, der Provisorischen Reichsgewalt und den Ein-

zelstaaten waren damit absehbar. Sie wurden in dem Moment
virulent, in dem die Einzelstaaten ihre volle Handlungsfähigkeit
zurückgewonnen hatten. Nicht zuletzt das Übergehen der Bundesstaaten in der Verfassungsfrage durch die Nationalversammlung führte im April 1849 zur Ablehnung der am 28. März 1849
verabschiedeten Reichsverfassung durch die großen deutschen
Staaten Bayern, Preußen, Sachsen und Hannover. Auch Österreich, das sich am 4. März 1849 eine Gesamtverfassung gegeben hatte, lehnte die «revolutionäre» Reichsverfassung ab.

Die Rückkehr zum Deutschen Bund und zur Bundesversammlung war nach der gescheiterten Preußischen Union und
der Dresdener Konferenz 1850/51 auch deswegen möglich, weil
die Bundesstaaten über die Bundesversammlung 1848 eigene
Vorschläge für eine erneuerte nationale Bundesverfassung vorgelegt und eine Auflösung der Bundesversammlung durch die
Nationalversammlung verhindert hatten. Die Bundesversammlung hatte ihre verfassungsmäßigen Befugnisse an den Reichsverweser, den am 29. Juni 1848 von der Nationalversammlung gewählten österreichischen Erzherzog Johann, und die «Provisorische Centralgewalt» übertragen. Damit war der Deutsche Bund
rechtlich *nicht* aufgelöst, denn die Bundesversammlung hatte
am 28. Juni 1848 ein Gesetz über die Provisorische Zentralgewalt verabschiedet, in dem sie festgestellt hatte: «Sobald das
Verfassungswerk für Deutschland vollendet und in Ausführung
gebracht ist, hört die Thätigkeit der Provisorischen Centralgewalt auf.» Die Übergabe der Kompetenzen war von den deutschen Einzelstaaten nicht als das rechtliche Ende des Bundes
verstanden worden, zumal dieses de jure erst eintreten sollte,
wenn die neue Bundesverfassung in Kraft gesetzt worden sei.
Die Bundesversammlung war somit nicht aufgelöst. Ihre Tätigkeit war lediglich suspendiert worden.

Alle Versuche der Bundesstaaten, in den Verfassungsgebungsprozess einbezogen zu werden, scheiterten. Das Souveränitäts-
verständnis der Nationalversammlung verhinderte ihre Beteiligung an der Ausarbeitung der deutschen Gesamtverfassung und
der nationalstaatlichen Umgestaltung des Deutschen Bundes.
Die Nationalversammlung optierte für einen deutschen Bundes-

staat. Dieser sollte kein Staatenbund und auch kein Bundesstaat mit gleichgewichtigen Kompetenzen von Bund und Ländern, sondern ein unitarischer Bundesstaat sein, in dem die Zentralorgane gegenüber den Bundesstaaten ein Übergewicht haben würden. Ein von zahlreichen Abgeordneten angestrebter Zentralstaat war jedoch nicht mehrheitsfähig. Die Nationalversammlung plädierte daher für eine Bundesform, die «zwischen der Einheitsregierung und der bisherigen Form des Staatenbundes in der Mitte steht; die Form des Bundesstaates kann nach der allgemeinen Ansicht allein den Forderungen genügen, nur sie kann den bestehenden Verhältnissen und Interessen Deutschlands entsprechen». Der Verfassungsausschuss verstand zwar die Einzelstaaten als «Individuen, die zu einem mächtigen Staat sich verbanden», doch er betonte die Dominanz der Bundesgewalt über die einzelstaatliche. Unitarische Elemente fanden Eingang in die Reichsverfassung. Sie wurden entscheidend für die Ablehnung der Reichsverfassung durch die größeren Bundesstaaten.

Die Verfassungsdiskussion wurde auch insbesondere durch die Frage belastet, ob Österreich in einen deutschen Nationalstaat eingebunden werden oder ob ein Nationalstaat ohne Österreich gebildet werden sollte: großdeutsch oder kleindeutsch? Mit der Wahl des österreichischen Erzherzogs Johann zum Reichsverweser schien die Entwicklung auf eine großdeutsche Lösung hinauszulaufen. In den Debatten der Nationalversammlung ging die Konfliktlinie «großdeutsch» – «kleindeutsch» durch alle politischen Lager. Die Reichsverfassung vom 28. März 1849 optierte zwar für einen kleindeutschen Nationalstaat. Sie schloss aber formal die Möglichkeit eines Beitritts Österreichs nicht aus, und die Reichsverfassung und die Reichsinstitutionen (Reichstag – Staatenhaus) berücksichtigten einen zukünftigen Beitritt.

Seit der Jahreswende 1848/49 – die Einzelstaaten hatten für sich das Gesetz des Handelns zurückgewonnen – verschärften sich die Auseinandersetzungen zwischen Einzelstaaten und Zentralgewalt. Kontrovers waren u. a. die föderative Ausgestaltung der Nationalverfassung und die rechtsverbindliche Verkündigung von Reichsgesetzen durch die Bundesstaaten. Der Konflikt eskalierte bei den «Grundrechten des deutschen Volkes», da die Nationalversammlung nicht bereit war, die Einsprüche und Verbesserungsvorschläge der Bundesstaaten zu berücksichtigen. Der unitarische Charakter der Reichsverfassung stieß auf den massiven Widerstand der größeren deutschen Staaten. Er zeigte sich in der Ausgestaltung der Reichsgewalt (Verhältnis Reich-Länder), bei den Kompetenzen des Reiches (Entscheidungsrecht über Krieg und Frieden; Verfügungsrecht über die bewaffnete Macht; Gesetzgebungskompetenz in Zoll- und Handelsfragen, für Patente und das Postwesen; Aufsichtsrecht über die Wasserwege, Eisenbahnen und Telegraphen) und beim Fahneneid (auf Reichsverfassung, Reichsoberhaupt). Die Bundesstaaten waren nicht bereit, die in der Verfassung formulierte tiefgreifende Beschneidung ihrer Souveränitätsrechte zu akzeptieren. Ein Bundesstaat des föderativen Typs hätte ihnen eine größere Mitsprache gegeben, eine stärkere Beteiligung an der Ausübung der Bundesgewalt gesichert und wäre in der deutschen und europäischen Lage von 1848/49 wohl erfolgsversprechender gewesen.

Die Reichsverfassung erkannten 29 Bundesstaaten an. Entscheidend war jedoch, dass die beiden deutschen Großmächte und die großen Mittelstaaten Bayern, Hannover und Sachsen sie ablehnten. Sie begründeten ihre Haltung damit, niemals anerkannt zu haben, «daß der nach Frankfurt a/M berufenen Nationalversammlung das Recht zustehe, die deutsche Verfassung einseitig ohne Zustimmung der Regierungen festzustellen». Betont wurde auch, dass ein Zentralstaat Nachteile für die Sicherheit, den Handel, die Politik und die Kultur Deutschlands haben werde und ein deutscher Gesamtstaat sich auch ohne eine zentralstaatliche Reichsregierung behaupten werde. Die «Kampf-für-die-Reichsverfassung»-Bewegung versuchte die Einführung der Reichsverfassung mit Gewalt zu erzwingen. Dies führte in Baden zur Revolution und in verschiedenen Regionen Deutschlands zu Aufständen und Protesten, die von preußischen und bayerischen Truppen blutig niedergeschlagen wurden und der Auflösung von Nationalversammlung und Provisorischer

Reichsgewalt den Weg ebneten. Der Versuch, einen liberalen, kleindeutschen Nationalstaat zu gründen, war gescheitert.

Die Entwicklungen zwischen der Ablehnung der Reichsverfassung im April und Mai 1849 durch die großen Einzelstaaten und der Einberufung der Dresdener Konferenzen Ende 1850 waren durch unterschiedliche deutschlandpolitische Konzepte charakterisiert. Der König von Preußen hatte die ihm von einer Delegation der Nationalversammlung Ende März 1849 angetragene Kaiserkrone auch aus rechtlichen Gesichtspunkten abgelehnt. Um ein Machtvakuum zu vermeiden, das durch den zu erwartenden Rücktritt des Reichsverwesers und der Provisorischen Reichsgewalt entstehen und von Revolutionären genutzt werden könnte, ergriff Bayern die Initiative. Die größeren Staaten sollten unverzüglich ein dreiköpfiges Direktorium als provisorische Zentralgewalt bilden und sich schnell über «die Verfassung selbst» einigen. Die in der bayerischen Denkschrift präsentierten Grundzüge für eine künftige deutsche Verfassung kehrten, flexibel an neue Konstellationen angepasst, in den nächsten Jahren mit Varianten wieder. Basis für die vorgeschlagene «starke Gesammtverfassung» waren Triasmodelle mit und ohne Österreich. Eine Rückkehr zur «von der Nation verworfen[en]» alten Bundesverfassung werde es nicht geben. Der «Drang nach *größerer Einigung*» könne leicht zu einem «Drang nach *völliger Einheit*» werden, wenn dieses Bedürfnis missachtet werde. Zur Wahrung des föderativen Charakters Deutschlands gebe es zwei Modelle: ein siebenköpfiges Direktorium, in dem die Reichskreise oder Staatengruppen vertreten seien; alternativ ein von Bayern favorisiertes Dreierdirektorium, in dem Österreich und Preußen einen permanenten Sitz hätten und das dritte Mitglied nach dem Rotationsprinzip bestimmt werde. Denkbar wäre für «Vereinigte Staaten von Deutschland» auch ein von Preußen im Norden und Bayern im Südwesten geführter «doppelter engerer Bund». Österreich wäre in einem weiteren Bund der dritte große Körper.

Etwa gleichzeitig lud Preußen zu einer Konferenz «über die neue Gestaltung Deutschlands» nach Berlin ein. Statt flexibler Triasvarianten setzte Preußen auf einen restaurativen, föderati-

veren Reichsverfassungsentwurf mit erblichem Kaisertum auf
der Grundlage der Reichsverfassung vom 28. März 1849. Das
Österreichproblem sollte durch einen engeren deutschen Bundesstaat ohne Österreich und einen weiteren Bund als «deutsche Union» mit Österreich gelöst werden. Im Doppelbund sah
Preußen eine europäisch akzeptable Lösung der deutschen Frage. Die preußischen Vorschläge lehnte Österreich jedoch ab. Ein
von Preußen angestrebtes «Vierkönigsbündnis» (Preußen –
Bayern – Sachsen – Hannover) scheiterte. Als deutlich wurde,
dass eine Einigung mit Österreich, Bayern und Württemberg
nicht zustande käme, präsentierte Preußen die «Grundlinien zu
einer Unions-Akte». Als völkerrechtlicher Bund sollte die Union
aus dem deutschen Bundesstaat und Österreich bestehen. Die
Wahlen zum Reichstag der Union, der die Unionsverfassung beraten sollte, wurden im Oktober 1849 abgehalten. Durch den
Rückzug Sachsens und Hannovers aus der Union war deren
Schicksal aber bereits praktisch besiegelt.

Angesichts der verfassungspolitischen Blockade Österreichs
und Preußens schien die Bildung einer «dritten Gruppe» sinnvoll, um den Verfassungsprozess zu beeinflussen und die einzelstaatlichen Interessen zu wahren. Voraussetzung hierfür aber
war, dass die vier Königreiche Bayern, Hannover, Sachsen
und Württemberg der Reichsverfassung und der Preußischen
Unionsverfassung einen eigenen Entwurf entgegensetzen konnten. Anfang Dezember 1849 legte der bayerische Außenminister und Rechtswissenschaftler von der Pfordten vertraulich
einen «großdeutschen» Verfassungsentwurf vor. Die notwendige Volksvertretung sollte mit Rücksicht auf Österreich «durch
die Kammern der einzelnen Staaten» gewählt werden. Im Staatenhaus würden die Regierungen repräsentiert sein. Die Rolle
des Oberhauptes sollte eine Bundesregierung bestehend aus
sieben Mitgliedern übernehmen. Deren Beschlüsse würden
mehrheitlich gefasst. Verfassungsänderungen erforderten Ein-
stimmigkeit. Eine Verständigung über die Grundlagen einer
neuen Verfassung wäre mit dem bisherigen Bundesrecht vereinbar. Sie könnte als Vereinbarung «sämmtlicher deutscher Regierungen über die Revision der Bundesverfassung» angesehen

werden und die Bundesakte und die Wiener Schlussakte ersetzen.

Vertrauliche Verfassungsberatungen der vier Königreiche wurden mit der «Münchner Punktation» am 27. Februar 1850 abgeschlossen. Österreich sprach sich zwar amtlich für die Münchner Punktation aus, doch lehnte der österreichische Ministerpräsident Felix Fürst zu Schwarzenberg die gesamte Grundtendenz ab. Die Verfassungspolitik auf der Basis der Münchner Punktation war der später unter anderen Rahmenbedingungen wieder aufgenommene Versuch der Mittelstaaten, eine Alternative zum preußischen Unionsentwurf zu präsentieren. Trotz unterschiedlicher Auffassungen in einigen Punkten strebten die vier Königreiche nach mehr «nationaler Einheit». Sie wollten ein engeres Band für diese Einheit. Anders als Österreich erkannten sie die Notwendigkeit, Zugeständnisse an die liberalen Zeitströmungen zu machen.

Es war nach der Münchner Konferenz aufgrund der politischen Konstellationen klar, dass eine Einigung des außerösterreichischen Deutschland unter preußischer Führung sich nicht verwirklichen ließ. Preußen war dennoch nicht bereit, sich auf Norddeutschland zu beschränken. Es berief das Unionsparlament als Reichstag zum 20. März 1850 nach Erfurt ein. Österreich lud hierauf nach Konsultationen mit den vier mittelstaatlichen Königreichen und den beiden Hessen als Präsidialmacht zur Restituierung der Bundesversammlung und zur Beratung über die Bildung eines Zentralorgans zum 10. Mai 1850 nach Frankfurt ein. Es drohte den «Erfurtern» mit Bundesexekution.

Die Verhandlungen über ein provisorisches Bundesorgan gestalteten sich äußerst schwierig. Die kleineren Staaten akzeptierten keine Majorisierung durch die Großmächte. Preußen bezeichnete im August 1850 die Wiedereinberufung der Bundesversammlung als rechtswidrig. Es verweigerte Plenum und Engerem Rat die Anerkennung und kündigte an, an den Sitzungen nicht teilzunehmen. Die preußisch-österreichischen Beziehungen verschlechterten sich dramatisch und schienen auf einen militärischen Schlagabtausch hinauszulaufen. Überlagert wurden sie durch den kurhessischen Verfassungskonflikt und die nach dem Berliner Frieden und dem Ersten Londoner Protokoll im Juli 1850 zu lösende Holsteinfrage.

Als der Rumpfbundestag auf Ersuchen des Königs von Dänemark und Herzogs von Holstein eine Bundesintervention zur Niederwerfung der «holsteinischen Rebellen» beschloss, verwarf Preußen, das im Namen des Bundes den Frieden mit Dänemark abgeschlossen hatte, diesen Beschluss als rechtswidrig und drohte bei Intervention der «Frankfurter» mit Krieg. In der kurhessischen Verfassungsfrage beschloss die Rumpfbundesversammlung, statt die kurhessische Verfassung vor Übergriffen durch den Landesherrn zu schützen, eine Bundesintervention. Kurhessen war aus der Preußischen Union ausgetreten, hatte sich der süddeutsch-österreichischen Gruppe angenähert und um Bundeshilfe nachgesucht. Preußen protestierte wegen seiner politisch-militärischen und wirtschaftlichen Interessen gegen diesen Beschluss.

Im November 1850 marschierten Interventionstruppen unter bayerischer Führung und preußische Einheiten in Kurhessen ein. Beide Seiten intensivierten ihre Rüstungsanstrengungen. Ein deutscher Krieg schien unvermeidlich, konnte aber im letzten Moment verhindert werden. In der Olmützer Punktation vom 29. November 1850 willigte Preußen ein, in den Bund zurückzukehren. Auf Einladung Wiens und Berlins sollten die deutschen Staaten in «freien Konferenzen» in Dresden über eine Reform des Deutschen Bundes beraten. Beide deutsche Großmächte vereinbarten, mit ihrem gesamten Staatsgebiet dem Deutschen Bund beizutreten. In Dresden sollte auch über die gemeinsame Bundesleitung der beiden Großmächte sowie über handels- und zollpolitische Fragen beraten werden.

Zwar war Schwarzenberg der Münchner Punktation aus taktischen Überlegungen beigetreten, doch verfolgte die Habsburgermonarchie konservative, nicht öffentlichkeitswirksame Ziele, auch wenn Österreich, das die 1849 oktroyierte Gesamtstaatsverfassung 1851 wieder aufgehoben hatte, die Notwendigkeit einer verfassungsrechtlichen Neuorganisation des deutschen Mitteleuropa grundsätzlich anerkannte. Wegen der Krisen und Konflikte im Innern der Monarchie und an ihren

Grenzen räumte Österreich den deutschen Entwicklungen zeitweilig keine Priorität ein. Daher konnte es in der entscheidenden Phase der Verfassungsdiskussionen für einen reformierten Bund kein konstruktives Konzept vorlegen. Die österreichische Deutschlandpolitik richtete sich am Machterhalt aus. Sie verfolgte großösterreichische Ziele. Wien hoffte, der «revolutionäre Impuls [werde] bald erlöschen» und Preußen – trotz machtpolitischer und zudem auch konfessioneller Gegensätze – an die Seite seines «natürlichen Verbündeten» (Roy Austensen) Habsburg zurückkehren. Österreich lehnte sowohl das Unions- als auch das Triasprojekt ab, denn beide sahen eine für den Kaiserstaat unannehmbare nationale Repräsentation vor. Der neue Bund sollte nicht mit nationalen und konstitutionellen Elementen verbunden werden. Österreich hielt sich seine bundes- und deutschlandpolitischen Optionen offen. Es wollte beim Scheitern der preußischen und mittelstaatlichen Vorschläge eine österreichische Lösung präsentieren und war politisch zu keinen echten Konzessionen für eine Neugestaltung der mitteleuropäischen Föderativordnung bereit.

Das preußische Unionsmodell und das mittelstaatliche Trias-Direktoriumsmodell hätten durch den politischen Willen zu einer Einigung in der deutschen Verfassungsfrage, verbunden mit einer Bereitschaft Österreichs zu Zugeständnissen an den «Zeitgeist», Lösungswege aufzeigen können. Wien versuchte jedoch seine Interessen durch Mitteleuropaprojektionen gegen die konstitutionelle Bewegung durchzusetzen und ein gemeinsames deutsches Parlament zu verhindern. Die Mittelstaaten ließen sich aber nicht für österreichische politische Ziele und taktische Spiele instrumentalisieren. Sie erkannten, dass die «Großmacht auf Abruf» auch nach 1848/49 kein verlässlicher Partner war und es auch nicht werden würde. Für die Bundesreformpolitik wurde dies zu einer Hypothek. Österreich verspielte zwischen 1848 und 1851 seine Chance, gestaltend an einer Reform des Bundes und seinem positiven Neustart mitzuwirken. Der Verfassungsantagonismus der beiden deutschen Großmächte wurde zur Macht- und Prestigefrage. In Olmütz musste Preußen «gesichtswahrend» zurückstecken, auf den Boden des Bundesrechtes zurückkehren und sich bereit erklären, an den Beratungen über eine staatliche Neuorganisation Mitteleuropas teilzunehmen. Sein zeitgemäßeres, attraktiveres Verfassungskonzept gab es langfristig nicht auf. Für Schwarzenberg war Olmütz der letzte Versuch, den Deutschen Bund im Zeitalter des Nationalismus in seiner traditionellen föderativen Struktur zu erhalten und diesen «im Sinne liberaler Zeitideen wirtschaftlich zu modernisieren» (Helmut Rumpler). Olmütz war für Österreich ein Pyrrhussieg und für Preußen eigentlich keine Niederlage.

In Dresden sollte die erforderliche Reform der Bundesinstitutionen erarbeitet werden. Es wurden verschiedene Modelle für eine reformierte Bundesstruktur diskutiert. Bayern hatte im Dezember 1850 «Bemerkungen über die Bildung einer obersten Bundesexekutivbehörde» vorgelegt. In ihr sollten die beiden Großmächte, die übrigen vier Königreiche sowie ein bis zwei kleinere Mittelstaaten vertreten sein. Die beiden Großmächte konnten allein keine Stimmenmehrheit erreichen. Die Vorschläge Österreichs und Preußens für eine Bundesexekutivbehörde mit weitreichenden Kompetenzen und ein Plenum mit veränderter Stimmenverteilung stießen bei den mindermächtigen Staaten auf Widerstand. Weitere Denkschriften forderten die Einrichtung einer Nationalvertretung und eines Bundesgerichts. Bayerns Versuch, in Dresden den vier mittelstaatlichen Königreichen mehr Gewicht gegenüber den Großmächten im Bundesrat im Sinne der Münchner Punktation zu verschaffen, scheiterte an mittelstaatlichen Differenzen und Eifersüchteleien. Österreich war nicht bereit, seine Vorrangstellung aufzugeben, es lehnte die preußische Forderung nach Parität und Anerkennung der vollen «Gleichberechtigung im Bunde» ab. Die Mittelstaaten und die kleinen Staaten befürchteten bei einer gleichberechtigten Leitung durch die Großmächte eine Mediatisierung des Bundes. Österreich seinerseits konnte seine politisch-wirtschaftlichen Mitteleuropapläne nicht durchsetzen.

Erörtert wurden in Dresden auch Fragen der Zoll- und Handelseinigung. Sie sollten eine Verknüpfung zwischen der politischen und wirtschaftlichen Einigung im Bund herstellen. Artikel 19 der Bundesakte und Artikel 65 der Schlussakte sollten nun endlich mit Leben erfüllt werden. Bayern argumentierte in einer Denkschrift für die Konferenz, Deutschland als große Nation müsse als «*ein* Ganzes» und als «*ein* Handelskörper» wahrgenommen werden. Die «großen Fragen der Nationalindustrie und des Handels» seien von der Politik nicht zu trennen. Die «commerzielle und industrielle Einigung Deutschlands, dem gesammten Auslande gegenüber, erscheint daher ohne Zweifel neben der Erschaffung der gemeinsamen staatsrechtlichen Grundlagen für die politische Einigung als das größte und erfolgreichste Anliegen für alle deutschen Staaten, von unberechenbarem Einflusse auf die Machtentwicklung der deutschen Nation und auf ihre Stellung zu den übrigen europäischen Mächten. Das politische Selbstgefühl des deutschen Staatenbundes geht Hand in Hand mit der Entwicklung der Volkswirthschaft.» Aufgrund der unterschiedlichen Wirtschaftsstruktur der Bundesstaaten sei eine Einigung in Zoll- und Handelsfragen durch freie Verträge von «sämmtlichen *Einzelstaaten* Deutschlands» schwierig. Es seien daher Vereinbarungen zwischen dem Zollverein und Österreich, den «beiden großen Zollkörpern zu einem umfassenden Zoll- und Handelsvertrage als Anbahnung für die große deutsche Zolleinigung» sinnvoll. Ein erster Schritt zu einer österreichisch-deutschen Zollunion wäre ein Verkehrs- und Handelsvertrag mit Österreich. Auch Sachsen regte an, die bestehenden Zollvereine zu einem allgemeinen deutschen Zollverein zu verbinden. Der neue Zollverein sollte «auf den bestehenden Grundlagen» ausgebaut werden und Übergangszeiten vorsehen. Österreich wollte Bestimmungen zu Handels- und Zollfragen sowie zu einer allgemeinen Zolleinigung in das neue Bundesgrundgesetz aufnehmen. Aufgrund seiner Wirtschaftsstruktur, seiner geographischen Lage und den schutzzöllnerischen Interessen seiner Industrie lehnte es jedoch einen am Freihandel orientierten Allgemeinen Deutschen Zollverein ab.

Dies entsprach nicht den Zielsetzungen der Mitglieder des Deutschen Zollvereins. Preußen hatte Vorbehalte, den Bund über Zoll- und Handelsfragen entscheiden zu lassen. Preußen sei nicht daran interessiert, «das gesammte Gebiet der materiel-

len Interessen Deutschlands in den Kreis der Bundes-Angele-
genheiten zu ziehen». Die wirtschaftlichen Fragen zwischen
Österreich und dem Zollverein könnten erst nach der General-
konferenz des Zollvereins behandelt werden. Hinter der preußischen Hinhaltepolitik stand das Interesse, seine hegemoniale
Stellung im Zollverein nicht für Bundeslösungen aufgeben zu
wollen. Die Aktivierung von Zoll- und Handelsfragen unter-
strich die Bedeutung dieses Komplexes. Die Mittelstaaten
wünschten eine wirtschaftliche Einbindung Österreichs, aber
ihre entsprechenden Versuche scheiterten, da Preußen seine
Handlungsfreiheit nicht einschränken wollte und nicht bereit
war, sein «Zollvereinsprimat» aufzugeben und Zoll- und Handelsfragen im Bund zu behandeln. Alle in Dresden erarbeiteten
Konzepte für eine gemeinsame Handelspolitik waren schwer zu
verwirklichen. Sie blieben «nicht ohne Wirkung», doch kam es
nicht mehr «zu einer grundlegenden Korrektur der handelspolitischen Entwicklungen in Deutschland», denn es hatten sich
«die Strukturen seit der Gründung des Zollvereins schon zu
weit in andere Richtungen entwickelt» (Hans-Werner Hahn).
Es fehlte auch der gemeinsame politische Wille zur deutschen
Zolleinigung. Ein alle deutschen Staaten umfassender Zollverein kam in den folgenden Jahren immer wieder auf die bundespolitische Agenda. Die Weichen in der deutschen Handelspolitik waren aber bereits gestellt. Damit waren die zu lösenden
deutschen «politischen Grundfragen» jedoch noch nicht vor-
entschieden.

Die Dresdener Konferenz endete ohne Einigung am 15. Mai
1851, aber mit der Aufforderung an die Bundesversammlung,
eine Reform weiter zu verfolgen. Wichtig war, dass das «gesamte Spektrum denkbarer und wünschenswerter Bundesreformen»
umfangreich ausgebreitet worden war. Es bildete dann «den Re-
ferenzpunkt für die weitere Entwicklung bis 1866» (Jürgen
Müller). Mit der Rückkehr zur Frankfurter Bundesversammlung scheiterte 1851 der Versuch, eine politische Neuordnung
des deutschen Mitteleuropa durch eine Reform der Bundesinstitutionen herbeizuführen. Das preußische Ziel eines kleindeutschen Bundesstaates ließ sich ebenso wenig verwirklichen wie

Österreichs Streben, einen von ihm dominierten politisch und wirtschaftlich geeinten und vergrößerten mitteleuropäischen Staatenbund zu gründen. Das Ziel, den Deutschen Bund in Dresden grundlegend zu reformieren, zerbrach an der politischen Realität. Bedeutete dies die Rückkehr zum vormärzlichen «alten Bund» oder boten sich Perspektiven für einen nachrevolutionären «neuen Bund», dem es gelingen würde, «die von vielen Seiten geforderte Anpassung des Deutschen Bundes an die seit der Revolution veränderte Situation durchzusetzen» (Jürgen Müller)? Wie würden die seit 1848/49 in Reden und Denkschriften viel beschworenen «Bedürfnisse» der deutschen Nation berücksichtigt und mit den Interessen der Einzelstaaten, die 1848/49 höchst unterschiedliche Erfahrungen zwischen Revolution und Reform gemacht hatten, in Einklang gebracht werden können?

7. Zwischen europäischen Konflikten, zeitgemäßer Reform und wirtschaftlicher Vernetzung (1851–1866)

Alle deutschen Staaten anerkannten in Dresden die Notwendigkeit einer Bundesreform, doch die Konzepte, wie diese zu verwirklichen sei, gingen weit auseinander. Die Bewertung der deutschen Verfassungsentwicklungen aus der Außenperspektive war ebenfalls unterschiedlich. Während der britische Prinzgemahl Prinz Albert den Deutschen das Recht zugestand, ihre Bundesverfassung den Gegebenheiten der Zeit anzupassen, gab es andere Stimmen, die ein Interventionsrecht beanspruchten, wenn die «Natur des Bundes» durch «wesentliche Umwandlungen» verändert werde, sei es durch die Gründung eines deutschen Zentralstaates, durch das Gleichgewicht störende Maßnahmen oder durch eine Erweiterung der mitteleuropäischen Föderativordnung durch Aufnahme beider Großmächte mit ihrem Gesamtstaatsgebiet oder des Herzogtums Schleswig in den neuen Bund. Der Gründungscharakter des Bundes und das Völkerrecht wären in diesen Fällen unmittelbar berührt. Maxime war, dass sich Veränderungen in der europäischen Staatengesellschaft im Rahmen des «Ius Publicum Europaeum» bewegen mussten. Ein preußisch geführtes «Kleindeutschland» würde diese Bedingungen erfüllen, nicht jedoch ein beide Großmächte mit ihrem Gesamtterritorium umfassender Deutscher Bund. Großbritannien und Frankreich sahen hierin eine massive Verletzung der Wiener Ordnung von 1815 und der Bundesakte.

Im März 1851 protestierte Frankreich in einem Memorandum an die Bundesversammlung gegen die Erweiterung des Bundes. Es enthielt, neben ideologischen Überlegungen und einer «völkerrechtlichen Fassade», wichtige Argumente zur Rolle des deutschen Mitteleuropa und die europäischen Wirkungen seiner Erweiterung: Der neue Bund mit seinem Potential könnte von Österreich als Rückenschild und Flankenschutz für ein «größeres Österreich» missbraucht werden; das «Dritte Deutschland» und Preußen würden kein echtes Gegengewicht zu Österreich bilden können; das «deutsche Gleichgewicht» würde gestört; der Bund würde seine friedenssichernde Funktion als Zentralstaat von Europa und als Basis des Völkerrechtes verlieren und bei Hilfeersuchen eines Bundesgliedes mit Besitz eines Territoriums außerhalb des Bundesgebietes (WSA, Art. XLVII) in alle europäischen Konflikte hineingezogen; der erweiterte Bund wäre ein «Vielvölkerstaat»; er würde angesichts der Dynamik des Nationalismus permanenter europäischer Konfliktherd werden; ein multinationaler Bund würde die Kriegsschwelle in Europa senken, die Funktionsfähigkeit des internationalen Systems gefährden und die europäische Staatengesellschaft immer neuen Belastungen aussetzten.

Im Juni 1852 lehnte die Bundesversammlung die französischen und britischen Noten als «fremde Einmischung in die innern Angelegenheiten des Deutschen Bundes» ab. Dennoch blieben die Interventionen nicht ohne Wirkung. Sie verdeutlichten erneut die unauflösliche Verknüpfung der einzelnen Handlungsebenen. Österreich gedachte, die Erweiterung als politische Option der Monarchie weiter zu verfolgen, doch kam es

aufgrund des Widerstandes der Mittelstaaten zu keiner Bundes-
erweiterung.

Wie verhielt sich der Gesamtbund in den internationalen Krisen der 1850er und 1860er Jahre, in die Österreich als Präsidialmacht mittelbar oder unmittelbar verstrickt war? Welche
Konsequenzen hatte dies für die Bundespolitik und die Haltung
der Bundesstaaten? Das «Dritte Deutschland» rechnete seit einem 1852 aufgeflammten Konflikt um die heiligen Stätten in
Palästina damit, dass der Gesamtbund in die Auseinandersetzungen um die «Orientalische Frage» hineingezogen werden
würde. Den Zusicherungen Frankreichs, die Souveränität und
Unabhängigkeit der Bundesstaaten zu wahren, misstrauten sie
zutiefst. Französische Stimmen forderten erneut neben der
«Einverleibung Belgiens» die Wiedergewinnung des linken
Rheinufers. Es war zudem das Ziel Napoleons III., seit Dezember 1848 Präsident der Zweiten Republik, der sich im Dezember 1852 zum Kaiser der Franzosen ausrufen ließ, aus dem
«Vertragskäfig» von 1814/15 auszubrechen, die «im Wiener
Congreß unvollkommen entschiedenen Fragen zu lösen» und
den Völkern endlich «einen dauernden Frieden zu geben». Die
deutschen Mittel- und Kleinstaaten strebten eine Neutralität
Gesamtdeutschlands an, die am besten die europäische Frie-
denssicherungsaufgabe des Bundes erfüllen würde. Sie wollten
bei der europäischen Neuordnung nach einem Krieg auch nicht
als Kompensationsobjekte für einen Interessenausgleich zur
Verfügung stehen.

Seit Oktober 1853 befanden sich Russland und das Osmani-
sche Reich offiziell im Krieg, in den Frankreich und Großbritannien im März 1854 auf Seiten der Hohen Pforte eingrif-
fen. Im September 1854 verlagerten sich die Kampfhandlungen
auf die Krim, wodurch der «Krimkrieg» seinen Namen erhielt.
Österreich hatte 1853 in der «Orientalischen Frage» seine «bewaffnete Neutralität» verkündet und war im Sommer 1854 einem Bündnis der Westmächte beigetreten. Durch diesen Schritt,
den Österreich ohne Konsultationen mit den wichtigsten Bundesmitgliedern unternahm, zerbrach die gemeinsame Haltung
der deutschen Großmächte in der Krimkriegsfrage. Es unter-

strich mit diesem Verhalten erneut, dass es den Bund als Basis seiner europäischen Machtstellung verstand, und dessen Mitglieder als seine willigen Vasallen. Als sich Österreich Anfang 1855 die Unterstützung des Bundes für den Fall eines Krieges sichern wollte, lehnte der Bundestag diesen Antrag ab. Er sprach sich gegen die Mobilisierung des Bundesheeres aus. Er folgte damit Preußen, das eine bewaffnete Neutralität «zur Abwehr drohender Gefahr in jeder Richtung» beantragt hatte. Die Haltung des Bundes trug entscheidend dazu bei, den Krieg lokal zu begrenzen. Seine Ausweitung zum großen europäischen Krieg, der neben den europäischen Großmächten auch den Bund einbeziehen würde, hätte die Wiener Ordnung von 1815 zerstört, mit schwer kalkulierbaren Folgen für die europäische Staatengesellschaft und ihren künftigen Charakter nach einem Krieg.

Der den Krimkrieg beendende Pariser Frieden von 1856 zerstörte weder die Wiener Ordnung noch das Europäische Konzert mit seinen «Verfahrensregeln und Verhaltensnormen». Vielmehr hatten einige Friedensbestimmungen wichtige Langzeitwirkungen. In Paris wurden verschiedene Gremien eingesetzt. Sie fungierten praktisch als «permanentes Sekretariat» des Europäischen Konzerts. Wegweisend wurde der Mediationsartikel des Friedensvertrags (Art. 8). Er sah vor, dass bei einem Konflikt zwischen dem Osmanischen Reich und einem der Signatare eine friedliche Lösung durch Vermittlung anderer Unterzeichnerstaaten erreicht werden sollte. Er wurde in der Folge immer wieder zur Kriegsverhütung angewandt. Allerdings war die Mediation oftmals, beispielsweise 1859 beim Versuch, einen Krieg in Italien zu verhindern, nicht erfolgreich. Hinzu kamen als neue Elemente der Strukturwandel der Öffentlichkeit seit 1848/49 sowie das veränderte Nationsverständnis und der Grundsatz vom Selbstbestimmungsrecht der Völker, die im Konzert mehrheitsfähig wurden.

Frankreich und Napoleon III. blieben in den 1850er Jahren, mit bedingt durch ihre Unterstützung der nationalen Bewegungen, «im Zentrum des europäischen Friedensmanagements» (Matthias Schulz), doch Napoleons Idee eines europäischen

Kongresses ließ sich trotz mehrerer Versuche weder nach dem Krimkrieg noch 1859/60 verwirklichen. Für ihn wurde die Italienfrage, die bei den Pariser Friedensverhandlungen auch erörtert worden war, zum Hebel, um seine europapolitischen Ziele zu verwirklichen. Österreich hatte sich durch sein Taktieren im Krimkrieg europäisch und auch im Bund isoliert. Die Beziehungen zwischen Wien und Paris verschlechterten sich 1858 rapide. Ein Krieg in Italien, der in der Wirtschaft unpopulär war, wurde immer wahrscheinlicher. Die Börsen reagierten mit Kursstürzen. Frankreich und Piemont-Sardinien gelang es, das chronisch finanziell angeschlagene Österreich in die Rolle des Angreifers zu drängen. Wie würde der Deutsche Bund, dessen Präsidialmacht direkt in den Konflikt verwickelt war, reagieren? Frankreich hoffte wie 1855 auf eine Neutralität des Bundes, Österreich erwartete Bundeshilfe.

Entscheidend für die großen Mittelstaaten war, welche Haltung Preußen einnehmen würde. Die Mindermächtigen waren für Neutralität, die dem «rein defensiven Charakter des Bundes» am besten entsprechen würde. Auch der preußische Bundestagsgesandte Bismarck sprach sich für Neutralität und gegen eine Bundeshilfe für Österreich aus. Über den österreichischen Antrag auf Bundeshilfe war bei Kriegsbeginn im Mai 1859 noch nicht entschieden. Ein Eingreifen des Bundes wurde im Juni 1859 immer wahrscheinlicher, als Preußen ein Observationskorps am Mittelrhein aufstellte und das VII. und VIII. Bundesarmeekorps am Oberrhein zusammengezogen wurden. Das drohende Eingreifen des Bundes trug nicht unwesentlich zum Waffenstillstand von Villa Franca im Juli 1859 bei, denn für Frankreich hätte ein Zweifrontenkrieg schwer kalkulierbare Folgen gehabt.

Für die Präsidialmacht, die auch innen- und wirtschaftspolitisch vor massiven Problemen stand, bedeutete die Niederlage von 1859 in Italien und die damit verbundenen Gebietsverluste außen- und bundespolitisch eine Schwächung. In Verkennung der machtpolitischen Realitäten wurde dies jedoch in Wien nicht wahrgenommen. Es fehlte weiterhin an einer klaren bundespolitischen Konzeption, aber auch an einer flexiblen, vertrauensvollen und glaubwürdigen Zusammenarbeit mit dem «Dritten Deutschland». Den Gründungsprozess des Königreiches Italien zwischen 1859 und 1861 beobachtete der Gesamtbund eher aus der Außenperspektive. Mit dem Aufstand in Polen 1863 war der Bund nicht befasst, sondern nur Preußen als unmittelbarer Nachbar. Anders war es in der Frage der Herzogtümer Holstein, Lauenburg und Schleswig. Als der dänische König im März 1863 in einem Patent bekannt gab, «die verschiedenen Theile unserer Monarchie zu einem wohlgeordneten Ganzen zu vereinen», beschloss der Engere Rat des Bundes, nachdem der Aufforderung, das völkerrechtswidrige Patent «außer Wirksamkeit» zu setzen, nicht nachgekommen wurde, mehrheitlich die «effektive Bundesexekution» gegen Holstein. Verkompliziert wurde die Situation durch den Erbfolgestreit zwischen dem neuen dänischen König Christian IX. und dem Herzog von Augustenburg, der Ansprüche auf die Herzogtümer Schleswig und Holstein erhob.

Im Dezember 1863 wurde die Bundesexekution durch kampflose Besetzung Holsteins vollzogen. Die von den deutschen Großmächten beantragte «Pfandbesetzung» Schleswigs, das nicht zum Deutschen Bund gehörte, fand in der Bundesversammlung ebenso wenig eine Mehrheit wie der Widerstand beider Großmächte gegen die Prüfung der Erbansprüche des Augustenburgers. Österreich und Preußen verständigten sich daraufhin, außerhalb des Bundesrechts «zur Sicherung der Rechte des Deutschen Bundes» Maßnahmen zu ergreifen. Preußische Truppen marschierten in Schleswig ein und besiegten die Dänen. Nach einem Waffenstillstand und erfolglosen Verhandlungen auf einer Konferenz in London wurde der Krieg wieder aufgenommen und ganz Jütland besetzt. Im Wiener Frieden trat Dänemark schließlich die Herzogtümer Holstein und Schleswig an Preußen und Österreich ab. Unter dem Druck der deutschen Großmächte beschloss die Bundesversammlung im Dezember 1864 das Ende der Bundesexekution gegen Holstein.

Sollten die Großmächte in der Frage der Erbansprüche des Augustenburgers erneut durch die Mittelstaaten majorisiert werden, so werde, wie der österreichische Außenminister drohte, «die faktische Auflösung des Bundes» die Folge sein. Die Entscheidung über die Zukunft der Elbherzogtümer war zugleich auch für die Struktur des Bundes von Bedeutung. Ein neuer Mittelstaat Schleswig-Holstein würde das deutsche Gleichgewicht im Bund nicht stören und die föderative Struktur stärken. Eine Einverleibung der Herzogtümer und Lauenburgs in den preußischen Staatsverband würde für diesen einen enormen Machtzuwachs bedeuten und die «Balance des Nordens» stören. Die Mehrheit der Bundesversammlung optierte für einen neuen Bundesstaat. Sie wurde dabei von der Bevölkerung der Herzogtümer und den «nationalen Meinungsträgern» unterstützt.

Doch Österreich und Preußen verständigten sich in der Frage der Elbherzogtümer durch die Gasteiner Konvention von 1865 erneut außerhalb des Bundesrechts, auch wenn sie den Inhalt der Konvention, die Preußen die Verwaltung Schleswigs und Österreich die Holsteins übertrug, der Bundesversammlung mitteilten. Ziel Preußens blieb es, beide Herzogtümer zu annektieren, die Schleswig-und-Holstein-Frage zum endgültigen Bruch mit Österreich und dem Bund zu nutzen und Preußen aus den «Bundesfesseln» zu befreien. Allerdings mussten die europäischen Rahmenbedingungen und politischen Konstellationen diesen Schritt ermöglichen. Die Spannungen wegen der Elbherzogtümer eskalierten seit Anfang 1866. Es ging schon lange nicht mehr um Schleswig und Holstein, sondern um die Machtfrage in Mitteleuropa, die Preußen und Österreich militärisch zu lösen bereit waren. Österreich setzte auf die Unterstützung der Mittelstaaten und ein neutrales Frankreich. Preußen erwartete, dass Frankreich nicht eingreifen werde, und schloss zudem ein Bündnis mit Italien. In der Bundesversammlung stellte Preußen am 9. April 1866 den Antrag auf Bundesreform, der durch Runderlass an die Missionen in Deutschland angekündigt worden war, da der Deutsche Bund in seiner gegenwärtigen Form «für die aktive Politik, welche große Krisen jeden Augenblick fordern können, nicht ausreichend» sei.

Die Reform als Dauerthema der Bundespolitik seit Anbeginn, verstärkt seit 1850/51, wurde zum Sprengsatz für die Existenz des Bundes. Mit der Rückkehr der Bundesversammlung nach

Frankfurt 1851 hatte sich die Hoffnung verbunden, dass die «schätzbaren Materialien», die in Dresden zu wirtschaftlichen, handelspolitischen, rechtlichen und verfassungspolitischen Fragen erarbeitet worden waren, genutzt werden würden, um eine allseits anerkannte Reform des Bundes erfolgreich zu vollziehen. Der Bund könnte sich so den veränderten europäischen und globalen Bedingungen anpassen. Problematisch für die weitere Entwicklung wurde, dass Österreich bereits in Dresden Preußen nur verbal die Gleichberechtigung im Bund zugebilligt hatte. Im deutschen Mitteleuropa waren sie zugleich natürliche Verbündete und schärfste Rivalen.

Der Antagonismus der Großmächte verschärfte sich. Beide blockierten sich in zahlreichen Entwicklungsfragen des Bundes, um so Zugeständnisse in politischen oder zoll- und handelspolitischen Frage zu erzwingen. Je deutlicher sich die Fronten abzeichneten, vor allem nach der Berufung Bismarcks 1851 zum Bundestagsgesandten, wurde der Bund zum Forum der Auseinandersetzungen. Die Mittelstaaten, die enttäuscht waren, dass in Dresden keine Reformbeschlüsse (funktionsfähige Bundesorgane, Allgemeine Deutsche Zollunion, nationale Volksvertretung, Bundesgericht) gefasst worden waren, bemühten sich um einen Ausgleich zwischen den Vormächten. Sie waren aber nicht bereit, wie sich in der Reformdiskussion immer wieder zeigte, eine starke Bundesexekutive oder eine paritätische Leitung des Bundes durch die Großmächte zu akzeptieren. Eine starke Bundesexekutive böte Eingriffsmöglichkeiten des Bundes in ihre inneren Angelegenheiten und könne eine restaurative «Neuausrichtung der Bundespolitik» zur Folge haben.

Die konstitutionellen Staaten waren in den Folgejahren darauf bedacht, sich gegen Eingriffe des Bundes in ihre Binnensouveränität zu wehren. Versuche, in die Verwaltung der Einzelstaaten, in die liberalen Einrichtungen und Verfassungen zu intervenieren oder gegen die oppositionelle Presse vorzugehen, wussten sie als nicht verfassungskonform abzuwehren, wie auch u. a. die Gründung einer Bundespolizeibehörde. Ein Bundes-Vereinsgesetz (13.07.1854) wurde nach langwierigen Verhandlungen beschlossen. Nur Vereine, die mit der Bundes- und Landesgesetzgebung übereinstimmten und die öffentliche Ordnung und Sicherheit nicht gefährdeten, waren zulässig. Dies schloss politische Vereine aus. Zum Testfall wurde 1859 die Gründung des Deutschen Nationalvereins. Er hätte als politischer Verein sofort in allen Bundesstaaten verboten werden müssen, doch war der entsprechende Bundesbeschluss zum Vereinsrecht nicht in allen Bundesstaaten verkündet worden, zumal dann, wenn er im Widerspruch zu der jeweiligen einzelstaatlichen Verfassung stand. Die Verfassungsstaaten stellten seit 1819/20 zum Schutz ihrer eigenstaatlichen Souveränität die Landesverfassung über die Gesetze des Bundes. Sie lösten die Streitfrage «Bundesgewalt» und «Particulargewalt» im Sinne der Einzelstaaten.

Nach 1858/59 brach die «Bundesreaktionspolitik» zusammen – es waren dies u. a. 1851/54 mit Stimmenmehrheit gefasste Beschlüsse des Bundestages zu einzelstaatlichen, die Sicherheit des Bundes bedrohenden «Institutionen und Zuständen»; die Möglichkeiten eines verfassungsmäßigen Einwirkens des Bundes in die inneren Landesverhältnisse; Maßnahmen «zur Verhinderung des Missbrauchs der Preßfreiheit»; ein Bundes-Vereinsgesetz («Maßregeln zur Aufrechterhaltung der Gesetzlichen Ordnung und Ruhe im Deutschen Bunde, insbesondere das Vereinswesen betreffend») sowie die Aufhebung des Grundrechtsteils der Reichsverfassung von 1849 –, als einige Bundesstaaten die Bundesbeschlüsse von 1851/1854 gegen den Widerstand einzelner Mitglieder wieder aufhoben. Nicht Repression, sondern nur eine grundlegende Reform der Organe des Bundes und eine Anpassung an die Entwicklungen im Bereich der Politik, der Wirtschaft und der Gesellschaft würden die europäische Stellung des Deutschen Bundes langfristig sichern und die Existenz der Bundesstaaten garantieren. Die Reformfrage kehrte daher nach jeder nationalen oder internationalen Krise auf die Bundesagenda zurück. Dabei war es dem «Dritten Deutschland» vor allem wichtig, von den Entscheidungsprozessen nicht wieder ausgegrenzt zu werden.

Es war daher auch kein Zufall, dass nach den Erfahrungen mit den europäischen Krisen und ihren Rückwirkungen auf den Bund die Ministerpräsidenten von Bayern und Sachsen aus

unterschiedlichen Motiven eine umfassende Bundesreform anstrebten. Beide hatten bereits seit 1849/50 verschiedentlich
Vorschläge unterbreitet. Für den sächsischen Ministerpräsidenten von Beust war es wichtig, den Bund als nationales Band der
deutschen Nation zu bewahren und im Sinne föderativer Reformen fortzuentwickeln. Bayern dagegen verfolgte keine «natio-
nalintegrative Reformpolitik». Sein Reforminteresse galt vor
allem der Stärkung seiner Eigenstaatlichkeit. Es war an seiner
Stellung als deutsche und europäische Macht interessiert und
wollte im Bund seine Rolle als «natürliche» Führungsmacht des
«Dritten Deutschland» – dies zeigten zahlreiche Denkschriften – absichern. Den vier mittelstaatlichen Königreichen war
wichtig, durch eine Trias-Struktur eine «formelle Constituirung
des Dualismus» im Bund durch Österreich und Preußen im
«allgemeinen Interesse Deutschlands» zu verhindern. In den
vorgelegten Konzepten zur Reform wurden daher ein «Bundes-
präsidium» oder ein «Bundesrat» vorgeschlagen, die eine Mitsprache der anderen deutschen Staaten, vor allem der Mittelstaaten, garantieren sollten. Durch Reformen der Bundesinstitutionen sollte auch verhindert werden, dass die Großmächte
sich außerhalb des bundesrechtlichen Rahmens einigten, in Kri-
senlagen die mindermächtigen Staaten durch Erzeugung von
Existenzängsten unter Druck setzen und sie instrumentalisieren
und manipulieren konnten. Zudem gaben die österreichische
und preußische Bundespolitik Anlass zu permanentem Misstrauen.

Über die Zusammenarbeit der großen Mittelstaaten hofften
von Beust und von der Pfordten, eine Bundesreform voranzu-
treiben und die unterschiedlich motivierte österreichische und
preußische Blockadepolitik gegen eine Fortentwicklung des
Bundes und seiner Strukturen sowie die Ausfüllung der offen ge-
bliebenen Bestimmungen der Bundesakte zu überwinden. Die
Zollvereinskrise 1851–1853 eröffnete eine erste Möglichkeit.
Als Preußen ohne Konsultation mit den Zollvereinsstaaten beschloss, den «Steuerverein» (Hannover) in den Zollverein auf-
zunehmen, widersetzten sich die Südstaaten und Sachsen dieser
Entscheidung. Sie beschlossen auf Konferenzen in Darmstadt

1852, einer Erweiterung des Zollvereins um Hannover nur dann zuzustimmen, wenn gleichzeitig auch Verhandlungen über einen Beitritt Österreichs aufgenommen würden. Der mittelstaatliche Vorstoß scheiterte. Preußen setzte sich in der Zollvereinskrise durch, da die Mittelstaaten zu sehr vom Zollverein abhängig waren. Die preußische Großmacht konnte ihre «zollpolitische Führungsrolle» erhalten und durch die Aufnahme norddeutscher Staaten in den Zollverein weiter ausbauen.

Für den Bund und die Bundesversammlung bedeutete der preußische Sieg eine nachhaltige Niederlage. In der Frage der wirtschafts- und handelspolitischen Organisationsform des deutschen Mitteleuropa war er ausgeschlossen. In der Öffentlichkeit entstand der Eindruck, der Bund sei unfähig, den politischen und materiellen Interessen Deutschlands gerecht zu werden. Der preußische Erfolg in der Zollvereinskrise und das preußische Agieren außerhalb der Bundesinstitutionen bedeuteten zugleich das Scheitern des Versuchs des Bundes, sich durch seine Organe und Kommissionen zum Motor für die Modernisierung und die wirtschafts-, handels- und zollpolitische Integration Deutschlands zu machen. Dennoch leisteten die Bundesversammlung und ihre Ausschüsse wichtige Beiträge zur «inneren Nationsbildung» Deutschlands. Bundeskommissionen beschäftigten sich mit der Rechtsangleichung, dem Patentrecht und handelsrechtlichen Fragen. Nach vierjähriger Beratung verabschiedete die Bundesversammlung 1861 das wegweisende «Allgemeine Deutsche Handelsgesetzbuch». Langzeitwirkung hatten auch die Ergebnisse der Kommissionen über das Urheberrecht, die Zivilprozessordnung und die Ordnung der Maße und Gewichte, die zwischen 1864 und 1866 vorgelegt wurden und vom Norddeutschen Bund und später vom Deutschen Kaiserreich übernommen werden sollten.

Der Misserfolg in der Zollvereinskrise bewirkte in der Folge eine engere Zusammenarbeit und Koordination der Mittelstaaten, denn es lag in ihrem eigenen Interesse, den österreichisch-preußischen Gegensatz auszugleichen und eine konstruktive Politik in Fragen der Reform zu ermöglichen. Nach dem Krimkrieg und der Nichtbeteiligung eines Bevollmächtigten des

Deutschen Bundes an den Pariser Friedensverhandlungen legten Bayern und Sachsen erneut umfangreiche Denkschriften für eine umfassende Bundesreform vor. Über die Tiefe und den Umfang einer Reform gingen die Auffassungen der beiden Mittelstaaten allerdings weiterhin auseinander. Während Bayern eine «gemäßigte Bundesreform», die sich auf die «materiellen Angelegenheiten» beschränken sollte, anstrebte, wollte Sachsen die informelle Zusammenarbeit der Mittelstaaten ausbauen und durch eine «Bundesvolksvertretung» den Bund institutionell erweitern. Der Bund würde so gegenüber den nationalen und liberalen Strömungen stabilisiert werden. Verbunden war damit auch die Hoffnung, «die Unabhängigkeit der deutschen Staaten zweiten Ranges sichern zu können» (Jonas Flöter) und so auf internationaler Ebene auch die «Zukunft des foederativen Sistems in Deutschland».

Als Freiherr von Beust im Sommer 1856 eine Angleichung der einzelstaatlichen Verfassungen im Deutschen Bund vorschlug und erneut ein Bundesgericht forderte, reagierten Wien und Berlin positiv, Bayern aber lehnte aus prinzipiellen Gründen unter Berufung auf das häufig eingesetzte Verfassungsargument eine «weitgehendere Einwirkung» des Bundes ab, die «am Ende eine Unterordnung unter das Gebot der Großmächte», eine «Mediatisierung» zur Folge habe. Wie von Beust befürwortete Freiherr von der Pfordten die «Umbildung Deutschlands zum Einheitsstaat» nicht, machte aber darüber hinaus in zahlreichen Denkschriften deutlich, dass der Bund den Charakter eines Defensivbündnisses beibehalten müsse und auch nicht zum Bundesstaat weiterentwickelt werden dürfe. Bayern sei wie die Großmächte eine europäische Macht. Es würde bei Erweiterung der Bundeskompetenzen durch die «Gründung von organischen Einrichtungen» einen nicht hinnehmbaren Souveränitätsverlust erleiden.

Als Hauptstütze einer Politik, die den Föderalismus als Verfassungsprinzip durchsetzen und den Standpunkt der Mittelstaaten besser zur Geltung bringen wollte, bot sich Bayern im Prinzip an, da es sich als «dritte Macht» die Aufgabe stellte, «an der Spitze der Mittelstaaten und insbesondere Süddeutschlands das Gleichgewicht zu halten [...] zwischen Österreich und Preußen, damit der Deutsche Bund erhalten und jede Beeinträchtigung der übrigen Staaten durch die beiden Großmächte verhütet werde» (Hubert Glaser). Zu einem zentralen Problem wurde es allerdings, dass Sachsen eine «faktische Trias», Bayern dagegen eine «formale Trias» als politisches Ziel anstrebte. Von der Pfordten grenzte sich in seiner Bundesreformpolitik klar von der «idealistischen» Position von Beusts ab. Er konnte den «revolutionären» Tendenzen der Nationalbewegung nichts abgewinnen, auch wenn er anerkannte, dass eine Form von «Nationalrepräsentation» notwendig sein würde. Auf von Beusts Denkschrift über die deutschen Bundesverhältnisse von 1857 ging Bayern nur formal ein. Damit waren die sächsischen Bundesreformbemühungen erneut gescheitert.

Die Mittelstaaten konnten ihr politisches Gewicht aber nur dann in die Waagschale werfen, wenn es ihnen gelang, im Dualismus der deutschen Großmächte zu einem ausgleichenden Machtfaktor zu werden. Preußen verfolgte zunehmend eine offen bundesfeindliche Politik. Diese barg für eine mittelstaatliche Reformpolitik große Gefahren und engte ihren Handlungsspielraum ein. Sie zwang die Mittelstaaten, sich gleichermaßen gegen eine preußische Präponderanz im Bund zu stellen und zugleich ein Ausscheiden Preußens aus dem Bund zu verhindern. In einer Denkschrift über «Preußens Stellung am Bunde» beklagte Bismarck 1858 die «Majorisierung des protestantischen Preußen» im Bundestag durch das katholische Österreich und seine katholische Klientel, einen Aspekt, den er immer wieder u. a. als Argument für das Hinausdrängen Österreichs aus Mitteleuropa benutzte.

Bismarck betonte das Recht Preußens, seine Interessen zu verfolgen. Die kleinen und mittleren Staaten, die des Bundes bedürften, versuchten europäische Politik zu betreiben und mit ihrem Stimmengewicht Preußen durch Mehrheitsbeschlüsse zu majorisieren. Sie wollten die Bundesinstitutionen ausbauen, um «mit einem vergleichsweise so geringen Aufwande nicht nur Sicherheit, sondern einen Zuwachs an politischer Wichtigkeit zu erlangen». Im Konfliktfall würden sie «rechtzeitig» vom Bund abfallen, wenn die «Feinde des Bundes stärker als er zu sein scheinen». Sie würden nicht bereit sein, «ihre Existenz einer idealistischen Bundestreue zu opfern». Preußen sei an mittelstaatlichen Reformplänen zur «Erweiterung der Kompetenz des Bundes» nicht interessiert. Für Preußen sei in diesem System kein Platz, «so lange es nicht auf die Eigenschaft einer europäischen Macht verzichten will». Es vertrete in der Zollfrage, in der Flottenfrage und bei anderen Themen eine andere Position als die Mehrheit. Auf die Gleichberechtigung mit Österreich könne es nicht verzichten. Es müsse in seiner Bundespolitik die «achtungsvolle Phraseologie» aufgeben, keine «bundesfreundlichen Concessionen» mehr machen, sich einer Zolleinigung mit Österreich widersetzen und sich auf die «stricte Erfüllung» seiner Bundespflichten zurückziehen, d. h. alle Initiativen zur Bundesreform scheitern lassen.

Der als Bundestagsgesandter im Januar 1859 abgelöste und nach Zwischenstationen als preußischer Gesandter in St. Petersburg und Paris 1862 zum preußischen Ministerpräsidenten berufene Bismarck sollte seine Grundpositionen zum Deutschen Bund nicht mehr verändern. Dies verdeutlichen neben seiner Korrespondenz aus Frankfurt seine in der Weihnachtsdenkschrift von 1862 niedergelegten Grundsätze: Österreich müsse politisch und wirtschaftlich aus dem deutschen Mitteleuropa hinausgedrängt werden. Die preußische Haltung im und zum Bund, Preußens Selbstverständnis, seine Politikziele sowie auch der konfessionelle Faktor müssen im Blick behalten werden, wenn die Schlussphase der Bundesgeschichte und die Chancen für die Verwirklichung einer umfassenden Bundesreform zwischen 1859 und 1866 analysiert werden.

Nach dem Italienischen Krieg war Österreich, trotz Reform des politischen Systems, nach innen und außen als Präsidial- und Großmacht angeschlagen. Es hatte in der deutschen Öffentlichkeit erneut an Ansehen verloren. Preußen gewann dieses zurück. Es kam zu einer «Wiedergeburt» der Idee eines deutschen Bundesstaates ohne Österreich. Die Mittelstaaten setzten die Bundesreform ein weiteres Mal auf die politische Agenda. Dabei spielten vor allem drei Gesichtspunkte eine Rolle: In der italienischen Krise waren sie zum wiederholten Male nicht in die Entscheidungsprozesse einbezogen worden; durch das erneut aufgebrochene tiefe Zerwürfnis der deutschen Großmächte sahen sie die Existenz und Sicherheit des Bundes und die Unabhängigkeit der Mehrzahl der Bundesglieder gefährdet; in den zentralstaatlichen Zielen der Nationalbewegung erblickten sie eine Gefahr für ihre Interessen. In enger, abgestimmter Zusammenarbeit sahen vor allem Sachsen und Bayern eine «Garantie für die Zukunft und das Bestehen der Mittelstaaten» und ein sinnvolles Konzept «für eine Stärkung des mitteleuropäischen Staatenbundes».

Die Erfahrungen der Mobilisierung des Bundesheeres 1859 hatten zahlreiche Mängel und im Vorfeld zu regelnde Probleme offenbart. Eine Bundeskriegsverfassungsreform war zwingend notwendig. Vor allem musste die Frage des Oberbefehls klar geregelt werden. Das «Trias»-Programm wurde als Alternative zu den hegemonialen Zielen Österreichs und auch zur Eindämmung des preußischen Machtanspruchs in Deutschland verstanden. Es war aber auch gegen den Deutschen Nationalverein gerichtet. Zwischen 1859 und 1861 fanden drei Konferenzen der Mittelstaaten in Würzburg statt. Die «Würzburger» waren zu Beginn mit ehrgeizigen Tagesordnungspunkten angetreten. Allerdings gab es in den Hauptfragen Interessenunterschiede. Bayern war an einer «geistigen und materiellen Trias» interessiert, nicht aber an einer «politischen Trias». Wegen monarchischer und einzelstaatlicher Empfindlichkeiten einigte man sich dann als kleinsten gemeinsamen Nenner lediglich auf Anträge an die Bundesversammlung zur Befestigung der Nord- und Ostseeküste sowie zur Revision der Bundeskriegsverfassung. Ein Wahlmodus für den Bundesoberfeldherrn wurde in den Antrag nicht aufgenommen.

Die Würzburger Konferenzergebnisse waren nicht spektakulär und in vielen Punkten unbefriedigend. Positiv ist zu bewerten, dass die Mittelstaaten eine gemeinsame Position erreichten. Sie wurde dann zur Grundlage weiterer mittelstaatlicher Verhandlungen in Frankfurt. Die erste Würzburger Konferenz half auch psychologisch und ideologisch, die Folgekonferenzen vorzubereiten, die es sonst nicht gegeben hätte. Für die materiellen Fragen wurden innerhalb weniger Monate Gesetzentwürfe ausgearbeitet. Bayern brachte sie 1860 in die Bundesversammlung ein, die sie an die zuständigen Kommissionen verwies. Die mittelstaatlichen Vorschläge zur Revision der Bundeskriegsverfassung sowie zur Befestigung und Verteidigung der Küsten lehnte Preußen in der Militärkommission ab. *Ein* Bundesheer und *ein* Bundesfeldherr entsprächen nicht der politischen Realität, vielmehr eine Zweiteilung des Bundesheeres, wie sie die beiden Großmächte bereits 1840 und 1848 vertraglich vereinbart hätten. Auch Österreich war nicht an den Mittelstaaten als dritter Kraft im Bund interessiert. Auf der zweiten Würzburger Konferenz wurde dann als billiger und sinnvoller eine Dreiteilung des Bundesheeres vorgeschlagen. Die Großmächte sollten sich in der Oberbefehlsfrage verständigen, doch könne auch «die rein deutsche Armee» den Oberbefehlshaber stellen, sollten Österreich und Preußen sich nicht einigen.

Die Würzburger schlossen, als sich der Ton zwischen den deutschen Großmächten erneut verschärfte und die Gefahr eines Krieges bestand, im Mai 1861 eine Militärkonvention. Ihren Vollzug verhinderten unüberbrückbare Meinungsverschiedenheiten zwischen Bayern und Württemberg. Damit scheiterte ein weiterer mittelstaatlicher Versuch zur Bundeskriegsverfassungsreform am eigenstaatlichen Egoismus und an politischen und ideologischen Differenzen. Blockiert wurde sie aber auch durch das Veto Preußens und die mangelnde Verlässlichkeit der österreichischen Bundespolitik. Wien ermunterte die Mittelstaaten immer wieder, Vorschläge zur Bundesreform vorzulegen. Gleichzeitig aber führte es 1860 außerhalb der Bundesinstitutionen Geheimverhandlungen mit Preußen.

Mit bedingt durch die Einigung Italiens, die Schillerfeiern von 1859, die Gründung des Deutschen Nationalvereins und später des Großdeutschen Reformvereins war der öffentliche Druck auf die Regierungen immer stärker geworden, tiefgreifende Bundesreformen durchzuführen und insbesondere die Nation durch Schaffung von Partizipationsmöglichkeiten einzubinden. Wie konnte der Deutsche Bund als politisches System so modernisiert und reformiert werden, dass er die Forderungen nach einer engeren nationalen Einheit und einem «Volkshaus» auf Bundesebene erfüllen und zugleich die einzelstaatliche Souveränität und Eigenständigkeit sowie die Föderativordnung bewahren konnte? Dieser «an die Quadratur des Kreises grenzende Versuch» (Jürgen Müller) wurde zwischen 1861 und 1863 unternommen. Von Beust hatte nach dem Scheitern der Würzburger Militärkonvention im Herbst 1861 einen weiteren Bundesreformplan vorgelegt, der den divergierenden Interessenlagen gerecht werden sollte. Die Bundesversammlung würde in einen zweimal jährlich tagenden Bundestag (Ministerkonferenz) verwandelt werden. In der Bundesexekutive als einem Dreiergremium sollte der Vorsitz zwischen Österreich und Preußen alternieren. Es sollte ein Bundesgericht eingerichtet werden. In eine Bundesvolksvertretung, in der die Abgeordneten aus den rein deutschen Staaten eine Mehrheit haben würden, sollten Österreich und Preußen jeweils 30 Abgeordnete aus ihren deutschen Provinzen entsenden. Die Mitglieder der Volksvertretung würden durch die Landtage der Mitgliedstaaten delegiert.

In seiner Reformidee wollte von Beust die unterschiedlichen Vorstellungen der Großmächte, der Mittelstaaten und der Nationalbewegung verbinden. Ein Bundesgericht und eine Bundesvolksvertretung boten durchaus Entwicklungsperspektiven für die Zukunft. Ein Alternat mit Preußen lehnte Österreich jedoch strikt ab. Die Mittelstaaten waren uneinig in der Frage, wer den dritten Sitz im Bundesdirektorium besetzen sollte. Preußen drohte, seine Unionsidee von 1849/50 wieder zur Diskussion zu stellen. Der badische Außenminister Freiherr von Roggenbach regte an, den Deutschen Bund in einen engeren Bundesstaat unter preußischer Führung mit einem Nationalparlament und einer konstitutionellen Bundeszentralregierung umzuwandeln. Der engere Bundesstaat würde in einen weiteren Staatenbund unter der Präsidentschaft Österreichs eingebunden sein. Ihm sollten neben Österreich alle deutschen Staaten angehören, die dem engeren Bundesstaat nicht beitreten wollten. Ein «liberales Deutschlandprogramm» war aber für den preußischen König unannehmbar. Preußen legte daher 1862 erneut sein Unionsprojekt mit einem engeren und weiteren Bund vor.

Statt zu vermitteln, verschärfte von Beusts Bundesreformprojekt den Konflikt zwischen den deutschen Großmächten. Österreich gelang es in Geheimverhandlungen, eine Abwehrfront gegen einen preußisch-hegemonialen Bundesstaat und ein Nationalparlament zu bilden. Preußen, im Bund isoliert, verfolgte sein Bundesreformprojekt zunächst nicht weiter. Die «politischen Positionsspiele» (Harm-Hinrich Brandt) im Bund um Reform, Macht und Hegemonie wurden mit anderen Mitteln weitergeführt. Während die Mittelstaaten und Preußen seit 1849 unterschiedliche Vorschläge für eine Bundesverfassung und das Band der Nation vorlegten, hatte Österreich stets nur reagiert. Es ermunterte die Mittelstaaten Konzepte zu entwickeln, unterstützte diese formal und instrumentalisierte diese letztlich für seine Hegemonialpolitik. Der öffentliche Druck in Deutschland und der sich abzeichnende «Showdown» mit Preußen seit Ende 1862 ließ den Kaiserstaat endlich mit konstruktiven Ideen für eine Bundesreform hervortreten, um der kleindeutschen Agitation zu begegnen. Ohne Einbeziehung der Mittelstaaten arbeitete Österreich einen geheimen Plan für eine Bundesreform auf föderaler Grundlage aus, der sich auf Materialien und Diskussionen der Reichsverfassung von 1849, Materialien der Dresdener Konferenz von 1850/51 und den Bundesreformplan von Beusts von 1861 stützte. Der österreichische Kaiser lud dann zur Besprechung von Fragen einer Bundesreform zu einem Fürstenkongress Mitte August 1863 nach Frankfurt ein.

Die überraschende österreichische Initiative begrüßten die einzelnen Regierungen, unabhängig von ihrer Haltung zur Bundesreformfrage. Sie stieß in der Publizistik, der Bevölkerung und den nationalen Bewegungen auf eine positive Resonanz. Auf dem Fürstentag legte Österreich eine «Reformacte des Deutschen Bundes» vor. Der Bund sollte in Zukunft in stärkerem Maße als bisher Aufgaben für das «Gesammtvaterland» übernehmen. Neben ein Bundesdirektorium (5 Stimmen) mit weitreichenden Kompetenzen sollte als Organ der Gesetzgebung eine – allerdings delegierte und nicht durchs Volk direkt

gewählte – Bundesversammlung (302 Abgeordnete) treten, ergänzt durch einen Bundesrat (Nachfolger des Engeren Rates).
Daneben sollte noch ein regelmäßig tagender Fürstenrat geschaffen werden, der in wichtigen Bundesfragen das letzte Wort
haben sollte. Die meisten Bundesstaaten waren auf dem Frankfurter Fürstenkongress vertreten. Für die Teilnahme des Königs
von Preußen hatte Bismarck Bedingungen gestellt: Die Großmächte sollten ein Vetorecht gegen jeden Bundeskrieg haben,
der nicht der Verteidigung des Bundesgebiets diente; die Volksvertretung sollte direkt gewählt werden und größere Rechte als
in der Reformakte vorgesehen erhalten; Preußen und Österreich
sollten gleichberechtigt den Bund leiten. Als diese Bedingungen
nicht erfüllt wurden, riet Bismarck dem preußischen König von
einer Teilnahme ab, und der König fügte sich diesem Rat.

Da die kleineren Mittelstaaten und die Mindermächtigen eine
Veränderung der Struktur des Bundesdirektoriums wünschten,
wurde die «Reformakte des Deutschen Bundes» mit geringfügi-
gen Änderungen am 1. September 1863 in die Bundesversammlung eingebracht. Sie bedeutete in ihrer Struktur einen Fort-
schritt, erschwerte den Missbrauch des Bundes für außenpoliti-
sche Abenteuer der beiden Großmächte und bewahrte dessen
defensiven Charakter. Die Entscheidungsorgane des Bundes
«blieben eine – nunmehr durch straffere Verfahrensregeln effek-
tiver gestaltet – Vermittlungsebene seiner Mitglieder zur verfassungsmäßig eingehegten Sicherung von Integrität und Stabilität
Zentraleuropas» (Harm-Hinrich Brandt). Der auf Einladung
des Nationalvereins gleichzeitig in Frankfurt tagende «Deutsche Abgeordnetentag» sah in der Reformakte «positive Elemente». Diese könne über eine Bundesreform zu einer «nationalen Reform» führen. Schlüssel für Erfolg oder Misserfolg des
Projektes war Preußen. Ende September 1863 lehnte Preußen
die Reformakte als Grundlage einer Reform ab. Versuche Österreichs, die anderen Bundesstaaten für einen Sonderbund
ohne Preußen zu gewinnen, blieben erfolglos. Für die Bundesfürsten – sie hatten der Reformakte nur unter Vorbehalt zuge-
stimmt – war das Risiko politisch und wirtschaftlich zu hoch,
auch angesichts der erneuten Krise um Schleswig und Holstein

sowie eines Konflikts der Zollvereinsstaaten mit Preußen wegen
des preußisch-französischen Handelsvertrages 1862. Hinzu
kam, dass die anderen Bundesstaaten sich nicht wieder vor den
Karren österreichischer Großmachtinteressen spannen lassen
wollten. Mit dem Scheitern der österreichischen Reformakte,
die viel zu spät kam und unter anderen Rahmenbedingungen
erfolgreicher hätte sein und den Deutschen Bund aus der Blockade hätte herausführen können, war die allseits als notwendig
anerkannte umfassende Bundesreform bis zum überraschenden
preußischen Antrag auf Bundesreform im April 1866 und dem
Ende des Bundes auf Eis gelegt.

8. Das Ende der mitteleuropäischen Föderativordnung Deutscher Bund 1866

Als seit Anfang des Jahres 1866 der Konflikt zwischen den deutschen Großmächten eskalierte und beide zum Krieg rüsteten,
versuchte Großbritannien im letzen Moment, mittels einer Konferenz in London einen Krieg und die Zerschlagung des Deutschen Bundes zu verhindern. Diese Einladung wurde von Österreich boykottiert, woraufhin London die Konferenz absagte.
Indem Bismarck in der Krise von 1866 geschickt und öffentlich-
keitswirksam seine Initiative von 1862 wieder aufgriff und eine
Bundesreform mit Nationalparlament vorschlug, die das österreichische Konzept einer Delegiertenversammlung beim Bund
unterlaufen sollte und sich an die Reichsverfassung von 1849
anlehnte, brachte er gewissermaßen einen Sprengsatz am Gebäude des Deutschen Bundes an. Die einseitige Aufkündigung
des Bundesvertrages durch Preußen, entlud sich daher im deutschen Krieg. Der Versuch der Bundesmehrheit – zu ihr zählten
alle Mittelstaaten, während die kleinen norddeutschen Staaten
mit Preußen gingen oder sich das «Protokoll offen hielten» –,
Preußen zur Rückkehr in den auf «ewige Zeiten» geschlossenen
Bund zu zwingen, scheiterte. Der Rechtsbrecher setzte sich mili-

tärisch auf den Schlachtfeldern Böhmens, Süddeutschlands und Thüringens durch. Bereits in dem am 26. Juli 1866 geschlossenen Vorfrieden von Nikolsburg war die Auflösung des Deutschen Bundes enthalten. Im Definitivfrieden von Prag wurde sie am 23. August 1866 bestätigt. Einen Tag später beschloss der Deutsche Bund in Augsburg seine Selbstauflösung. Österreich musste auf seine Rolle als mitteleuropäische Führungsmacht verzichten.

Im Prager Frieden wurde der Anspruch Preußens als deutsche Hegemonialmacht und Führungsmacht eines Norddeutschen Bundes anerkannt. Bismarck hatte das in seiner Weihnachtsdenkschrift von 1862 formulierte Ziel, den «Vertragskäfig» des Deutschen Bundes zu zerbrechen, erreicht. Es darf jedoch nicht übersehen werden, dass der überraschende Ausgang der «Bundesexekution» – d. h. der schnelle preußische Sieg – Preußen erst in die Lage versetzte, die großpreußisch-norddeutsche Neuordnung Deutschlands weitestgehend zu verwirklichen. Die unerwartete Niederlage war für Österreich ein Schock. Die Macht hatte über das Bundesrecht gesiegt. Die mitteleuropäische Föderativordnung war 1866 allerdings nicht ohne Zutun der Habsburgermonarchie zerstört worden, auch wenn Kaiser Franz Joseph den Bundesgenossen die Schuld für das Zerbrechen des Bundes gab. Der Fehler der Habsburger lag vielleicht auch darin, dass sie die anderen deutschen Fürstenhäuser, und vor allem die Hohenzollern, nicht als ebenbürtig ansahen und daher ihre «natürliche» Vorrangstellung nicht zu teilen bereit waren.

Das Ende des Bundes bedeutete zugleich die Zerschlagung des Herzstücks des multipolaren und innerdeutschen Gleichgewichts von 1815. Ohne die damaligen europäisch-internationalen Rahmenbedingungen, durch die die Handlungsspielräume der anderen europäischen Großmächte eingeschränkt waren, wäre die mitteleuropäische Föderativordnung wahrscheinlich in veränderter Form erhalten geblieben. Der Weg zur Reichsgründung mit dem Krieg gegen Frankreich und dem Beitritt der Südstaaten zum Norddeutschen Bund 1870/71 hätte sich in jedem Fall schwieriger gestaltet. Mit der Annexion u. a. der früheren Bundesstaaten Hannover und Kurhessen, die auf österrei-

chischer Seite gestanden hatten, stellte Preußen 1866 die Landbrücke zwischen seinem Kernstaat und den Rheinprovinzen
auch politisch-territorial her. Die Gründung des Norddeutschen
Bundes brachte auf der Grundlage des preußischen Bundes-
reformantrages vom April und Juni 1866 die lange angestrebte
Herrschaft in Norddeutschland. Durch die geheimen Schutz-
und Trutzbündnisse mit den süddeutschen Staaten übersprang
Preußen 1866 bereits die Mainlinie nach Süden. Im Zusammenhang mit der Luxemburger Krise von 1867 und durch den Ausbau der Zollvereinsstruktur durch Einführung eines Zollparla-
ments wurden bereits 1867/68 die Bestimmungen im Frieden
von Prag unterlaufen, einen Südbund zu bilden, der in ein völkerrechtliches Verhältnis zum Norden treten sollte. Hinzu kamen
nicht zu unterschätzende Einflussgrößen aus den Beziehungen
unter den Südstaaten, die ihre Ursprünge vielfach bereits in der
Gründungsphase des Bundes hatten. Diese Rahmenbedingungen ermöglichten es, dann ein preußisches Reich deutscher
Nation zu gründen.

Neuere Studien zeigen, dass es für die süddeutschen Staaten
nach 1866 noch durchaus Alternativen zum preußisch-kleindeutschen Nationalstaat gegeben hat. Das Band der Nation hätte auch mit anderen staatsrechtlichen Organisationsformen –
einem engeren Nord- und einem Südbund unter dem Dach eines
weiteren Allgemeinen Deutschen Bundes – geknüpft werden
können. Die Idee des «doppelten Bundes», aber auch andere
Formen, die zwischen 1815 und 1866 immer wieder diskutiert
worden waren, boten sich an. Mit einem Allgemeinen Deutschen Bund aus einem Süddeutschen und einem Norddeutschen
Bund wäre sicherlich auch der Realpolitiker und Preuße Bismarck zufrieden gewesen, wenn die Südstaaten und die unbetei-
ligten europäischen Großmächte eine derartige Form der Lösung der deutschen Frage als einzig tragbare Regelung durchgesetzt hätten. Doch es kam anders. Die Südstaaten blieben im
Juli 1870 nicht neutral, sie anerkannten im preußisch-französischen Krieg den Bündnisfall und traten im November 1870 dem
Norddeutschen Bund bei. Ihre Landtage nahmen mit knappen
Mehrheiten die Beitrittsverträge an. Aus dem Norddeutschen

Bund ging 1871 das bundesstaatlich organisierte deutsche Kaiserreich hervor.

Mit dem Untergang des Deutschen Bundes stellt sich die Frage nach den Ursachen für den Zusammenbruch der mitteleuropäischen Föderativordnung und der jeweiligen Verantwortung der unterschiedlichen Protagonisten – Österreich, Preußen, die Mittelstaaten des «Dritten Deutschland» und die europäischen Mächte. Die Habsburgermonarchie war bis zu ihrem 1866 erzwungenen Ausscheiden aus dem Deutschen Bund als untrennbarer Teil Mitteleuropas über Jahrhunderte eng mit der deutschen Geschichte verbunden. Am Ende der Napoleonischen Kriege kehrte Österreich in den Kreis der europäischen Großmächte zurück. Es wurde Präsidialmacht des in Wien gegründeten Deutschen Bundes. Der europäische Großmachtanspruch und der gleichzeitige Mangel an den für eine aktive Wahrnehmung dieser Rolle notwendigen, wirtschaftlich-finanziellen und militärischen Ressourcen bildeten von Anbeginn einen Widerspruch. Anders als die meisten deutschen Staaten hatte es Österreich nach 1805/06 versäumt, sein politisch-soziales und ökonomisches System, seine Verfassungsordnung und sein Verwaltungssystem zu reformieren und zu modernisieren. Das Problem der wachsenden Verschuldung blieb ungelöst. Es wurde eine schwere Hypothek für die Zukunft Österreichs als Groß-, Militär- und Regionalmacht im internationalen System.

Der territoriale Rückzug Österreichs aus Deutschland und die Arrondierung um seinen Kern nach Süden 1815 bedeuteten einen politischen Gewichtsverlust. Dieser Rückzug schwächte auch seine wirtschaftliche und militärische Stellung im Bund. Wiederholte militärische Interventionen gegen die «Hydra der Revolution» torpedierten eine Lösung der sich verschärfenden Finanz-, Schulden- und Währungsprobleme. Wollte der Kaiserstaat nach 1815 nicht «Großmacht und multinationale Gemeinschaft auf Abruf» (Wolf D. Gruner) werden, bedurfte er des Deutschen Bundes. Ohne dessen Potential ließ sich der Großmachtstatus nicht bewahren geschweige denn ausbauen und die regionale Hegemonierolle nicht behaupten. Österreich versuchte daher immer wieder, den Bund für seine gesamtstaatlichen

Interessen zu instrumentalisieren. In der formativen Phase des Bundes zwischen 1815 und 1820 gelang dies wegen der durch Verfassungskonflikte eingeschränkten bundespolitischen Handlungsfähigkeit Preußens und der Konzentration der Mittelstaaten auf den inneren Ausbau und die Integration ihres erweiterten Staatsgebiets. Diesen uneingeschränkten bundespolitischen Führungsanspruch durchzusetzen, wurde seit den 1820er Jahren – zu einem Zeitpunkt, als auch die leitende Großmachtrolle verloren ging – schwieriger. Er wurde von den selbstbewussten deutschen Verfassungsstaaten und den zollpolitischen Aktivitäten Preußens in Frage gestellt und unterlaufen. Indikatoren waren u. a. die Bildung von Zollvereinen, die Gründung des Deutschen Zollvereins 1834 und die militärischen Allianzüberlegungen Preußens und der süddeutschen Staaten nach der Julirevolution von 1830. Der Bund war als Basis österreichischer Großmachtstellung nicht mehr geeignet. Metternich überlegte daher, den liberal «infizierten» Bund aufzulösen und sich im konservativen Lager der Ostmächte neu zu orientieren.

Im Vormärz, in der Revolutionszeit 1848/49 und letztlich bis in die frühen 1860er Jahre war Österreich *nicht* zu einer umfassenden Bundesreform bereit. Über politische und wirtschaftliche Mitteleuropapläne hinausgehend besaß es keine eigenen Konzepte. Sicherlich war dies für einen Staat, der eine multinationale Gemeinschaft war, im Vergleich zu Preußen und der Nationalversammlung mit ihren national-deutschen Zielen schwieriger. Österreich verspielte vor allem in der ergebnisoffenen Lage nach der Ablehnung der Reichsverfassung von 1849 und auf den Dresdener Konferenzen 1850/51 seine Chancen für eine Neugestaltung des mitteleuropäischen Zentrums. Es reagierte lediglich und es fehlten konstruktive, ernst gemeinte Vorschläge, die Bundesakte von 1815 auf stärker föderaler Grundlage mit Leben zu füllen. Seine strukturelle Isolierung im Bund erlaubte es Österreich nicht mehr, auf legitimistischen Positionen zu beharren und sich auf konservative Solidaritätsrhetorik zurückzuziehen.

Nach dem Ende des Neoabsolutismus und dem Übergang zum Verfassungsstaat in Österreich 1860/61 wäre es schwieriger geworden, es aus einem in seinen Organen erfolgreich reformierten Bund hinauszudrängen. Die zum Fürstentag 1863 von Österreich vorgeschlagene Reformakte kam jedoch zu spät. Die Idee einer Delegiertenversammlung entsprach den Erfordernissen einer multinationalen Gemeinschaft, sie reichte jedoch nicht aus, um der nationalen Forderung nach einem direkt gewählten deutschen Parlament zu begegnen. Wenn die späten österreichischen Initiativen für eine Bundesreform letztendlich nicht erfolgreich waren, so lag dies aber nicht allein an der Habsburgermonarchie.

Die Konstruktion des Deutschen Bundes als «Band der deutschen Nation» und als «Friedensstaat» von Europa, die Aufnahme der deutschen und europäischen Großmächte Österreich und Preußen nur mit ihren früher zum Alten Reich gehörenden Territorien in den Bund und das so geschaffene «deutsche Gleichgewicht» als konstitutives Element des europäischen Gleichgewichts schienen das deutsche «Hegemonialproblem» des 18. Jahrhunderts zumindest zu neutralisieren. Die Neuordnung von 1815 machte Österreich, das sich territorial aus dem alten Reichsgebiet zurückzog, zur Schutzmacht Italiens. Preußen als Schutzmacht Nordwesteuropas wuchs durch seine Westverschiebung nach Deutschland hinein. Es erwarb wirtschaftlich entwickelte und geographisch zentral liegende Territorien, die zur Grundlage für seinen wirtschaftlichen Aufschwung wurden. Für eine erfolgreiche Entwicklung des Deutschen Bundes war es allerdings hinderlich, dass die österreichische und die preußische Monarchie als deutsche und europäische Großmächte nur mit ihren «deutschen» Gebieten zum Bund gehörten und es 1818 bei der Festlegung der Grenzen des Bundes abgelehnt hatten, dem Bund mit ihrem Gesamtstaat beizutreten. Die territoriale Zweiteilung wirkte sich in zahlreichen Bereichen nachteilig für eine einheitliche Bundesgesetzgebung aus und behinderte die Bildung eines einheitlichen Wirtschafts-, Rechts- und Verkehrsraumes.

Die Beziehungen der beiden deutschen Großmächte in Bund zueinander hatten für diesen grundlegende Bedeutung. Preußen war anfänglich mit der Rolle als deutsche Großmacht und Juniorpartner Österreichs zufrieden. Wegen seines wachsenden wirtschaftlichen, militärischen und politischen Gesamtpotentials strebte es aber zunehmend eine gleichberechtigte Stellung mit Österreich an. Absprachen der beiden Großmächte außerhalb des bundesrechtlichen Rahmens ohne Konsultation der anderen Bundesmitglieder schienen auf ein «Kondominium» hinauszulaufen. Mit der Gründung des Zollvereins 1834 und der Führungsrolle Preußens in diesem «Sonderbund» wuchs dessen wirtschaftspolitisches Potential in Deutschland. Dennoch erfüllten sich die auf eine Stärkung seiner politischen Rolle im Bund gerichteten Erwartungen zunächst nicht.

Nach der gescheiterten Nationalstaatsgründung 1848/49 profilierte sich das nunmehr konstitutionelle Preußen, auch gestärkt durch die nationale, kleindeutsche Karte, als Kernstaat für die Gründung eines deutschen Nationalstaates ohne Österreich. Die österreichischen Versuche, Preußen als Rivalen in Mitteleuropa möglichst auszuschalten und es sich zugleich als seinen natürlichen Partner und Verbündeten zu erhalten, mussten scheitern. Preußens Selbstbewusstsein war gewachsen und es hatte durch seine Bundesreforminitiative im Sinne eines kleindeutschen Bundesstaats 1849/50 langfristig wirkende Akzente gesetzt. Veränderungen ließen sich gegen die Zollvereinsführungsmacht im wirtschaftlichen Bereich nicht verhindern oder durchsetzen. Die Zollvereinskrise 1851–1853, spätere Versuche im Rahmen der Bundesreform oder einer Einbeziehung Österreichs in den Zollverein unterstrichen dies. Preußen strebte seit 1850 zunächst zusammen mit Österreich die gleichberechtigte Leitung des Bundes an, wozu Österreich nur verbal, jedoch nicht real bereit war.

Mit der Berufung Bismarcks zum Bundestagsgesandten verfolgte Preußen eine gegen den Bund gerichtete Blockadepolitik. Diese bezog sich auf die Haltung des Deutschen Bundes in den Krimkriegs- und Italienkriegskrisen, die Schaffung eines Wirtschaftsraums Zollverein-Österreich, auf Bundesreforminitiativen der Mittelstaaten sowie vor allem auch auf eine Reform der Bundeskriegsverfassung. Nach der österreichischen Niederlage im Italienkrieg von 1859 und dem Abschluss des französischpreußischen Handelsvertrags 1862 verfolgte Preußen das Ziel, mit friedlichen oder auch militärischen Mitteln Österreich politisch und wirtschaftlich aus Mitteleuropa zu verdrängen. Bismarck hatte dieses in seiner Bundestagsgesandtenzeit und schließlich in seiner Weihnachtsdenkschrift von 1862 klar als Ziel preußischer Deutschland- und Europapolitik formuliert.

Während Preußen klare Vorstellungen über seinen Weg zur mitteleuropäischen Führungsmacht hatte und den Bund dabei nur als hinderlichen Ballast ansah und realpolitisch alle sich bietenden Optionen ausnutzte, gab sich Österreich immer wieder der Illusion hin, trotz Konfrontationen einen Ausgleich, eine vertrauliche und gedeihliche Zusammenarbeit mit Preußen ohne Statusveränderungen wiederherstellen zu können. Es gelang Preußen immer wieder, Österreich zu Verhandlungen außerhalb des Bundes zu bewegen (1860 mögliche Erneuerung der Heiligen Allianz; Besitzgarantie in Italien; Frage der Elbherzogtümer 1864/65). Österreich ließ sich immer wieder in diese Falle locken. In diesem mitteleuropäischen Machtspiel kam Ministerpräsident Bismarck seine lange Tätigkeit als Bundestagsgesandter zugute. Er kannte die meisten führenden Minister und Gesandten der deutschen Bundesstaaten, konnte ihre Schwächen, Stärken und Eitelkeiten einschätzen und ausnutzen. Ein gutes Beispiel dafür war der österreichische Ministerpräsident und Außenminister Graf Rechberg. Als Bundestagsgesandter hatte er sich intensiv um Ausgleich und Zusammenarbeit mit Preußen bemüht und er führte diese Politik als Ministerpräsident fort. Bismarck nutzte diese Erkenntnisse zur Verfolgung der preußischen Staatsinteressen.

Das «Dritte Deutschland» bildete die große Mehrzahl der Bundesstaaten. Diese waren in Struktur, Größe, historischer Tradition, Modernisierungsstadium und politisch-sozialem System höchst unterschiedlich. In den Napoleonischen Kriegen waren sie mit dem Ende des Alten Reiches souveräne Staaten geworden. Sie achteten fortan darauf, ihre Souveränität und die Föderativordnung Deutschlands zu erhalten. Eine tragende Rolle spielten die großen deutschen Mittelstaaten. Ihre Mehrzahl hatte tiefgreifende Reformen vollzogen. Als Element zur

Integration ihrer vergrößerten Staaten verabschiedeten sie in ihren Ländern Repräsentativverfassungen, auch in der Hoffnung ein «nationales» Staatsbewusstsein auszubilden. In der Geschichte des Bundes versuchten vor allem die süddeutschen Verfassungsstaaten immer wieder im Bund ein Gegengewicht zu den Großmächten zu bilden. Dabei schwankten ihre Interessen zwischen einer institutionalisierten und einer formalen Kooperation. Bei der Ausarbeitung der Bundeskriegsverfassung konnten sie eine österreichisch-preußische Führung des Bundesheeres verhindern. Das Bundesheer wurde zu einem Kontingentsheer.

Die Verfassungsstaaten unterliefen die Umsetzung der Karlsbader Beschlüsse in ihren Staaten und sicherten den Fortbestand ihrer Verfassungen. Als Folge der französischen Julirevolution vergrößerte sich die Zahl der Verfassungsstaaten im Bund und dies förderte Hoffnungen, der Bund werde sich verfassungsstaatlich weiterentwickeln. Jedoch zwangen die Krisenszenarien der Großmächte vor allem die kleineren deutschen Staaten aus Existenzangst, die Vorschläge der Großmächte im Engeren Rat mitzutragen, so 1832 und 1838–1841. Die Initiative für eine nationale Verfassung auf der Basis der Bundesakte ging 1848 von den deutschen Verfassungsstaaten aus, auch der Bundestagsbeschluss, die neue deutsche Verfassung von Bundesstaaten und Nationalparlament gemeinsam erarbeiten und verabschieden zu lassen. Als dies mit der unitarisch geprägten Reichsverfassung der Frankfurter Nationalversammlung von 1849 nicht geschehen war, lehnten sie die großen Mittelstaaten (Bayern, Hannover, Sachsen, Württemberg) zusammen mit den Großmächten ab.

Neben Preußen mit seinem Unionsprojekt waren es vor allem Bayern und Sachsen, die eigene Reformvorschläge und Konzepte entwickelten. Auf den Dresdener Konferenzen konnten sie ihre Reformmodelle für einen neuen Deutschen Bund, der auch die Zeitströmungen angemessen berücksichtigte, aber nicht durchsetzen. Die Vorstellungen blieben jedoch auf der bundespolitischen Agenda und wurden von Sachsen und Bayern zwischen 1851 und 1861 immer wieder in das «bundespolitische Spiel» gebracht. Wenn die neue Trias zwischen 1849 und 1866 nicht funktionierte, so hatte dies verschiedene, komplexe Ursachen. Bayern beanspruchte als «Beinahegroßmacht» eine natürliche Führungsrolle im «Dritten Deutschland». Es brachte sich mit Plänen über eine Dreiteilung Deutschlands als süddeutsche Führungsmacht immer wieder selbst ins Spiel. Eine Majorisierung in der Trias war für Bayern nicht hinnehmbar. Als europäische Macht wollte es auch keine festen vertraglichen Bindungen mit den anderen Mittelstaaten eingehen. Rangfragen, Eitelkeiten, persönliche Abneigungen und divergierende Interessen verhinderten immer wieder eine gemeinsame Linie des «Dritten Deutschland» in der Bundesreformfrage. Sie trugen letztlich zum Scheitern der Würzburger Konferenzen bei. Die Versuche einer bayerischen «Hegemoniestellung im zweiten Glied» (Wolf D. Gruner) innerhalb des Bundes blockierten wiederholt ein überzeugendes gemeinsames Auftreten der Mittelstaaten.

Insbesondere Baden spielte als kleinster süddeutscher Mittelstaat seit der Gründung des Bundes eine Sonderrolle. Viele Jahre war es durch Territorialkonflikte mit Bayern und auch mit Blick auf die Erbfolge in seiner Existenz gefährdet. Das Misstrauen gegenüber seinen großen Nachbarn und deren wiederholten Teilungsplänen ließen es eine eigenständige Politik verfolgen. Nach dem Ende des Deutschen Bundes 1866 war Baden in vielfacher Hinsicht der Beförderer preußischer Interessen in Süddeutschland, ein Hemmschuh für eine gemeinsame Militärpolitik der Südstaaten und die Gründung eines Südbundes.

Auch eine Zusammenarbeit mit Österreich und Preußen in Bundesfragen gestaltete sich für die großen Mittelstaaten schwierig, da sie oft von einer der beiden Großmächte, vor allem von Österreich, zu einem Konflikt mit der jeweils anderen ermuntert, aber als Partner nicht ernst genommen wurden. Die Erfahrungen zwischen 1859 und 1866 führten ihnen immer wieder vor Augen, dass die Großmächte, wenn es deren Interessenlage entsprach, für den Bund ungünstige Entscheidungen an ihnen und am Bund vorbei trafen.

Das «Dritte Deutschland» leistete einen wichtigen Beitrag zur

Reformdiskussion im Deutschen Bund und trug zu Fortschritten in zahlreichen Bereichen bei, in denen gemeinsame Regelungen gefunden werden mussten. Stärkere Zusammenarbeit statt Eifersüchteleien sowie Solidarität, verbunden mit dem Willen zum Bund, zur Einigung und zur Festigung des nationalen Bandes, fehlten aber unter seinen Staaten. Hätten sie sich weniger an die Bewahrung ihrer eigenstaatlichen Souveränität geklammert und in ihren Bundesreformmodellen statt einer Delegiertenversammlung ein direkt gewähltes nationales Parlament mit Gesetzgebungskompetenzen neben einer Bundesexekutive und einem Bundesrat vorgeschlagen, zumal zahlreiche Abgeordnete aus ihren Landesparlamenten in der groß- bzw. kleindeutschen Nationalbewegung aktiv waren, hätten sie die nationale Bewegung in ihre Richtung lenken und als Verfassungsstaaten punkten können. Sicherlich wären die Realisierungschancen von zahlreichen Einflussgrößen, von einzelstaatlichen, deutschen und europäischen, abhängig gewesen. Der Versuch wurde jedoch aus höchst unterschiedlichen Motiven nicht unternommen. Es fehlte der über die verbalen Beteuerungen hinausgehende gemeinsame politische Wille und damit trägt auch das «Dritte Deutschland» Verantwortung für das Ende des Deutschen Bundes.

Für die anderen europäischen Großmächte als Signatare und Garanten der Wiener Kongressakte war der Deutsche Bund ein wichtiges Element der europäischen Friedenssicherung. Sie waren an seiner Stabilität interessiert. Gegen Veränderungen, die den Charakter des Bundes betrafen, legten sie immer wieder, wenn auch scheinbar erfolglos, Protest ein. In Mitteleuropakonzepten, wie sie von Österreich 1849/50 verfolgt wurden, oder in einem Ausgreifen über den Bundesrahmen hinaus sahen sie die Gefahr einer Destabilisierung der europäischen Ordnung, aber auch, wie im Fall Dänemarks, eine Gefährdung ihrer strategischen, politischen und wirtschaftlichen Interessen. An einer Bundesreform, die dem europäischen Zentrum mehr Stabilität geben konnte, waren sie interessiert. In der Endphase des Deutschen Bundes, an dessen Erhalt ihnen gelegen war, lenkten sie andere europäische sowie überseeische Konflikte und Aktionen, aber auch innenpolitische Ereignisse ab. Frankreich, das sich 1866 letztlich mit der Auflösung des Bundes abfand, hatte noch 1862/63 im Zusammenhang mit der Einbeziehung des Zollvereins in die westeuropäische Freihandelszone Preußen eindringlich gewarnt, dass es eine Zerschlagung des Bundes nicht hinnehmen werde. Es lag daher auch an einer besonderen Konstellation im europäischen Mächtesystem, dass der preußische Sprengsatz das Gebäude des Deutschen Bundes auch tatsächlich zum Einsturz bringen konnte.

Die Frage, wie weit Nation und Bund, vor allem nach der gescheiterten Nationalstaatsgründung von 1848/49, hätten zueinander finden können, ist vielfach sehr skeptisch beantwortet worden. Dabei wurde davon ausgegangen, dass das Ziel der Nation die Bildung eines Nationalstaats sein müsse. Übersehen wurde, dass Nation und Nationsvorstellungen sich in Deutschland, im Vergleich beispielsweise zu Frankreich, in einem anderen Bezugssystem bewegen. Die «föderative Nation» musste sich nicht zwingend in einem unitarischen Staat wiederfinden, sondern hätte auch in anderen verfassungsmäßigen Organisationsstrukturen zueinander finden können. Der Deutsche Bund als Staatenbund mit bundesstaatlichen Elementen war durchaus in der Lage und auch verfassungsmäßig bereit, nationale Aufgaben zu übernehmen, ohne «Staat im modernen Sinne» (Jürgen Müller) werden zu müssen. Eine eingehende Betrachtung der Geschichte des Deutschen Bundes, vor allem auch die Auswertung und Analyse der verfügbaren Ausschussmaterialien zu den «materiellen» Notwendigkeiten und Regelungen zum Schutz und auch zur Vereinheitlichung des Bundesgebiets, zeigt, dass diese nationalen Funktionen durch den Bundestag und seine Ausschüsse höchst umfangreich wahrgenommen wurden. Die Initiativen gingen vielfach von den Einzelstaaten oder den Interessenvertretungen aus, die Regelungsbedarf sahen. Zu den vollbrachten Arbeiten gehörte u. a. die Ausarbeitung eines Deutschen Handelsgesetzbuches und eines Registers zum Handelsgesetzbuch, die Vereinheitlichung des Straf- und Zivilrechts in den Bundesstaaten, das Patent- und Urheberrecht und die «Einführung gleichen Maßes und Gewichtes in den Deutschen Bundesstaaten». Auf diese Gesetze, Entwürfe und Materialien konnte nach 1866 zurückgegriffen werden.

9. Der Deutsche Bund in der deutschen Geschichte

Der Göttinger Historiker Arnold Hermann Ludwig Heeren charakterisierte den Deutschen Bund 1816 als «Centralstaat» von Europa und als europäischen Friedensstaat. Er sei ein wesentliches Element für das europäische Gleichgewicht und stehe im Gegensatz zur napoleonischen «Universalmonarchie» über Europa. Seine geographische Lage mache den deutschen Bundesstaat zum «Mittelpunct dieses Systems». Mit fast allen europäischen «Hauptstaaten» habe er gemeinsame Grenzen. Europäische Ereignisse könnten ihm ebenso wenig gleichgültig bleiben wie den anderen Mächten das politische System des Zentralstaates von Europa. Ein deutscher nationaler Einheitsstaat mit seinem Gesamtpotential könnte hegemoniale Tendenzen entwickeln. Er würde «binnen kurzem das Grab der Freyheit von Europa» werden.

Heeren verwies aus einer von ihm in seinen Werken unterstrichenen gesamteuropäischen Sichtweise auf ein Kernproblem deutscher Staatlichkeit: Die deutsche Frage und die Bedingungen ihrer Lösbarkeit sind ein Schlüsselproblem der europäischen Ordnung und des internationalen Systems geblieben. Heeren war lange Zeit vergessen, spielte aber als wichtigster Historiker der Aufklärungsgeschichtsschreibung, des europäischen Staatensystems und der Handels- und Verkehrsgeschichte in den ersten Jahrzehnten des 19. Jahrhunderts eine zentrale Rolle. Wichtig waren ihm in seinen Arbeiten die «langen Züge» in der europäischen Geschichte. Heeren wollte europäische Geschichte in ihren komplexen Zusammenhängen unter Einbeziehung von Politik, Wirtschaft, Kultur, Geographie, Friedensidee und Völkerkunde vermitteln, um Nationalismus und nationale

Vorurteile auszublenden. Seine positive Bewertung des Deutschen Bundes, seine Hoffnung, dass dieser als Föderativordnung den europäischen Frieden sichern und einen Machtstaat im europäischen Zentrum verhindern werde, trug dazu bei, dass dieser Gedanke, der «so etwas wie sein politisches Vermächtnis» war, seit dem Vormärz «das Haupthindernis der Heerenrezeption» (Christoph Becker-Schaum) wurde. Seine Sichtweise passte nicht in eine am Nationalstaat orientierte deutsche Geschichtsschreibung.

Der Deutsche Bund entsprach nicht der Vorstellung von einem machtvollen Staat. Schon 1815 hatte der 1860 verstorbene Ernst Moritz Arndt dem Bund die Fähigkeit abgesprochen, die politische Zerrissenheit Deutschlands zu überwinden. Er könne nicht begreifen, «wie die Deutsche Bundesversammlung den deutschen Kaiser ersetzen kann, wie ein Staat vieler Staaten bestehen kann ohne eine mächtige zwingende Gewalt». In der Schlussphase der Napoleonischen Kriege hatte Arndt Preußen und seine Tugenden als Retter «Germaniens» und der «Freiheit der Welt» gepriesen und geurteilt, dass «Teutschlands Heil am meisten von Preußen ausgehen kann». Heinrich von Treitschke, der Trommler für ein «preußisches Reich deutscher Nation», hatte seit den 1860er Jahren einen preußisch geführten nationalen Einheitsstaat gefordert und den «deutschen Beruf» Preußens ideologisch vorbereitet. In seinem Festvortrag zur 50-Jahrfeier der zum nationalen Mythos stilisierten Leipziger Völkerschlacht von 1813 wurde der «Geist von 1813» beschworen. Nun eröffne sich eine zweite Chance für ein einiges, freies Deutschland, nachdem die erste 1815 verpasst worden sei. Den Deutschen Bund charakterisierte Treitschke im Mai 1866 als die «Internierung des Leichnams der deutschen Einheit» und freute sich, dass er «die Leiche des deutschen Bundes noch unbegraben in Verwesung übergehen» sehe. Als Institution sei er «armseliger als ein Staat dritten Ranges» gewesen. Den preußischen Sieg kommentierte Treitschke Ende Juli 1866 so: «Mit der Beseitigung der kleinen Kronen vollzieht sich nur ein Act der historischen Nothwendigkeit. Wer aus der Vergangenheit aller Nationen Europas noch immer nicht gelernt hat, dass die Kleinstaaterei in gereiften Culturvölkern keine Stätte hat und der Zug der Geschichte auf das Zusammenballen großer Massen weist, dem müssen [...] endlich sich die Augen öffnen.» Das Ende des Deutschen Bundes bedeutete für den als Burschenschafter verfolgten Historiker Wolfgang Menzel, dass «die großen Hoffnungen der deutschen Nation in Erfüllung gehen» und der Deutsche Bund, «das jämmerlichste Pfuschwerk, das die Weltgeschichte je gesehen hat», von einem starken Nationalstaat abgelöst werde.

Das Negativbild Arndts über den Deutschen Bund und sein Bedauern, dass sich die auf Preußen gesetzten Hoffnungen der deutschen Nation wegen der Politik Metternichs nicht verwirklichen ließen, fand über Wolfgang Menzel, Heinrich von Treitschke und Heinrich von Sybel Eingang in das preußisch-deutsche Geschichtsbild. Die «kleindeutschen Geschichtsbaumeister» (Ernst Schulin) versuchten die Reichsgründung von 1870/71 historisch zu legitimieren. Sie verknüpften die vermeintlichen Erwartungen der deutschen Nation von 1813 auf Einheit und Freiheit und die historische Mission Preußens für Deutschland. Was 1815 Preußen in einer «Lebensfrage» der deutschen Nation verwehrt worden sei, werde nun endlich Wirklichkeit. Preußen habe seinen «deutschen Beruf» mit der Reichsgründung gegen den Widerstand Österreichs und anderer Partikulargewalten machtvoll durchgesetzt.

Die Reichshistoriographie prägte die deutsche Geschichtsschreibung. Eine von ihren «Geschichtsbaumeistern» entworfene und dominierte preußisch-kleindeutsche, am deutschen Nationalstaat ausgerichtete Nationalgeschichte des 19. Jahrhunderts hat wegen der internationalen Bedeutung und Wirkung der deutschen Geschichtswissenschaft – auch bis weit in das letzte Drittel des 20. Jahrhunderts – das Bild von der deutschen Geschichte zwischen 1800 und 1866/71 nachhaltig beeinflusst und geprägt. Es entstand ein falsches, verzerrtes, am nationalen Machtstaat orientiertes Bild vom Deutschen Bund. Er wurde, wie es der britische Historiker James Viscount Bryce formulierte, als «Notbehelf» gesehen und als «unbefriedigender Kompromiß» zwischen der «Realität lokaler Souveränität und dem

Schein nationaler Einheit, der nach einem unedlen und über ein halbes Jahrhundert oft bedrohten Leben auf den Schlachtfeldern von Königsgrätz und Langensalza ohne Bedauern zu Tode kam». Der liberale britische Historiker William Harbutt Dawson verachtete ihn als die «organisierte Uneinigkeit». Er nannte den Bund ein «sterilisiertes Kind des Partikularismus».

Das in der Reichsgründungszeit etablierte Bild vom Deutschen Bund lebte in nationalen und internationalen Darstellungen zur deutschen Geschichte, trotz gewisser Differenzierungen, fort. Dies galt auch für die in den 1930er Jahren in die USA und nach Großbritannien emigrierten liberalen deutschen Historiker. Die deutsche landesgeschichtliche Forschung hatte ihre Mission mit dem Aufgehen ihrer Länder im Reich als erfüllt angesehen. Der Ausfall der Landesgeschichte als Korrektiv bewirkte, dass es zu unzulässigen, an Preußen orientierten Generalisierungen kam. Dies galt auch für das politische System und die Verfassungsordnungen, beispielsweise in den süddeutschen Staaten, in den Hansestädten und in der Habsburgermonarchie, die sich von Preußen unterschieden. Die preußischen Reformen seit 1807 standen für die «deutsche Reformzeit», während die Rheinbundreformen ausgeblendet wurden. Die Orientierung am Nationalstaat und einem unitarischen System mit gewissen Konzessionen an föderative Elemente beherrschte auch die Diskussionen in der Weimarer Republik und im »Drittem Reich». Sie brachten kaum Korrekturen am Geschichtsbild. Eine Ausnahme bildete Franz Schnabel, der die preußisch-deutsche Geschichtsinterpretation in Frage stellte, durch eigene Forschungen neue Perspektiven öffnete und über seine Schüler dazu beitrug, das Bild des Deutschen Bundes und der deutschen Geschichte zwischen der Auflösung des Alten Reiches und der Gründung des deutschen Kaiserreiches durch neue Ansätze zu differenzieren und zu korrigieren.

Eine Neubewertung des Bundes setzte in der deutschsprachigen Forschung auch nach 1945 nur langsam ein, befördert durch ein neues Interesse an föderativen Ordnungsmodellen, das sich insbesondere aus den Anfängen der europäischen Integration und dem föderativen Staatsaufbau der Bundesrepublik

speiste. Wichtige Impulse kamen dabei auch aus der nordameri-
kanischen historischen Forschung (u.a. Enno E. Kraehe). Der
kanadische Historiker Robert Spencer etwa begründete 1962 in
einem grundlegenden Aufsatz, warum eine Geschichte des Bundes so schwierig zu schreiben sei. Seine allgemeine Geschichte
sei bekannt. Dies gelte jedoch nicht für wichtige Aspekte seiner
Funktionsweise, seiner Aufgaben, Leistungen und Erfolge. Diese
würden vielfach missverstanden und historisch falsch eingeord-
net. Eine Analyse der Bundesebene, ohne die einzelstaatlichen
und europäischen Entwicklungen zu berücksichtigen, greife zu
kurz. Binnen- und internationale Geschichte müssten in einer
Geschichte des Deutschen Bundes verknüpft werden.

Seit den 1970er Jahren begann sich in der deutschsprachigen
Forschung die Bewertung des Deutschen Bundes und seines
Stellenwerts für die deutsche und europäische Geschichte deutlich zu verändern. Es wurde ein Editionsprojekt zur politischen
Geschichte des Deutschen Bundes zwischen 1815 und 1866 auf
den Weg gebracht. Es erschienen zahlreiche Studien zu Einzelas-
pekten der Bundesgeschichte, von der Finanzverfassung über
die Publizistik, das Militärwesen und Verfassungsfragen zur
Bundesreform, zum Zollverein, zur internationalen Ordnung,
zum Verhältnis zwischen Einzelstaaten und Bund, sowie Einfüh-
rungen in die Bundesgeschichte. Insbesondere die Landesge-
schichtsforschung nahm den Deutschen Bund als Untersu-
chungsgegenstand wieder in den Blick. Allerdings lebten traditi-
onelle Klischees weiterhin fort. So schrieb Thomas Nipperdey
noch 1983, dass der Bund nichts anderes war «als das Instru-
ment der Restauration, des Systems Metternich, der Gegner-
schaft gegen den liberalen und nationalen Geist der Zeit. Der
Bund verkörperte den Föderalismus der Restauration und des
status quo, den Föderalismus der Regierungen – ganz im Gegensatz zum Föderalismus der Nation; der Bund war außerhalb
des Establishments ganz und gar diskreditiert.» Schon damals
repräsentierte diese Aussage nicht mehr den Stand der Forschung. Ein europäischer und einzelstaatlicher Ansatz verschob
den Fokus, weg von einer ausschließlichen Fixierung auf die
Reichs- und Nationalstaatsgründung. Aus einer neuen und

komplexeren Sicht wandelte sich das Bild vom Deutschen Bund. Das Urteil wurde ausgewogener.

Heute eröffnen sich aus dem Blickwinkel der Globalisierung und Europäisierung für die Erforschung des Deutschen Bundes und seine Einbindung in europäische, nationale und regionale Zusammenhänge neue Perspektiven. Sein historischer Ort wird erst vor dem Hintergrund europäischer Rahmenbedingungen und der Transformationsprozesse vom Alten Europa zum Europa der Moderne des langen 19. Jahrhunderts sichtbar.

Die Gründung des Deutschen Bundes auf dem Wiener Kongress am Ende der langen Kriege fiel in eine Zeit, die aus strukturgeschichtlicher Perspektive durch eine dreifache Revolution gekennzeichnet war. Die technisch-wissenschaftliche Revolution, durch die der Prozess der Industrialisierung angeschoben wurde und bahnbrechende Entwicklungen im Transportbereich befördert wurden, sowie die Agrarrevolution, die Ertragssteigerungen durch neue Anbautechniken ermöglichte, und die demographische Revolution, die nicht zuletzt durch Fortschritte in der Hygiene und der Medizin ermöglicht wurde. Diese Revolutionen veränderten grundlegend Leben und Umwelt der Menschen. Sie beförderten entscheidend den gesamtgesellschaftlichen Wandel, beispielsweise die Binnenmigration, die Urbanisierung und die Entstehung einer industriellen Massengesellschaft. Die «transatlantische Doppelrevolution» – die Gründung der USA als demokratische Republik und die Französische Revolution von 1789 – etablierte zudem ein neues Politikverständnis. Ihre Ideen hatten nachhaltige Wirkungen auf die europäische Staatenwelt. Sie betrafen das politisch-soziale System und vor allem auch die Idee von der Nation. Die Idee von der «dynastischen Nation» mutierte durch die Revolution zur «politischen Nation», die in einem nationalen Staat zusammenleben sollte. Dieses Erbe der Französischen Revolution von 1789 wurde vor dem Hintergrund der dynamischen wirtschaftlichen und gesellschaftlichen Entwicklung zum Sprengsatz für das internationale System, zu dessen Entschärfung der Deutsche Bund beitragen sollte.

Nach den Erfahrungen der langen und blutigen europäischen

Kriege seit 1600 wurden Frieden und Sicherheit zu Leitkategorien der europäischen Politik. Ziel war es, den Frieden durch eine funktionsfähige, rechtlich und institutionell abgesicherte politische Organisationsform für Europa sicherzustellen. Dieser Bewusstseinswandel fand Eingang in die politischen Nachkriegsplanungen. Auslöser hierfür waren neben den personelle und materielle Ressourcen verschlingenden Kriegen auch ein modernes Menschen- und Gesellschaftsbild, ein durch Massenheere verändertes Kriegswesen, eine Ideologisierung der Kriegsführung und neue Militärstrategien. Einen besonderen Schub erfuhr das Streben nach einem sicheren Frieden auch durch die beispiellose Brutalität des Krieges und die nachhaltigen Umwälzungen in mehr als zwanzig Jahren Krieg. Zentrale Bedeutung erhielten die großen territorialen Veränderungen, die Entwurzelung und horizontale Mobilität der Menschen und die Chancen einer vertikalen Mobilität durch sozialen Aufstieg. In der Endphase der Kriege waren keine hegemonialen, sondern Konzepte jenseits von Machtpolitik, Krieg und Gewalt gefragt. Diese ließen sich nur in einem multipolaren Gleichgewichtssystem mit neuen und veränderten Mechanismen der Konfliktregulierung verwirklichen. Die traditionellen Regulierungsmechanismen hatten sich als der falsche Weg erwiesen. Neue, den veränderten Rahmenbedingungen angepasste institutionelle und rechtliche Methoden jenseits von Gewalt und dynastischer bzw. nationaler Machtpolitik waren gefragt. Dabei war es für eine wirkungsvolle staatliche Handlungsfähigkeit und die Sicherung der einzelstaatlichen Souveränität von grundlegender Bedeutung, dass die Voraussetzungen hierfür durch Reformen und den Aufbau einer modernen und effizienten Verwaltung auf allen Ebenen mit qualifizierten Beamten und Fachministerien geschaffen wurden.

Werden diese bislang in der historischen Analyse und Darstellung vernachlässigten Einflussfaktoren berücksichtigt, eröffnet sich ein neues Verständnis für die historische Leistung des Deutschen Bundes im Übergang vom Alten Europa zum sich modernisierenden und industrialisierenden Europa des langen 19. Jahrhunderts. Der Wiener Kongress, die dort geschaffene

Völkerrechtsordnung und der Deutsche Bund als Band der föderativen deutschen Nation und als für die europäische Entwicklung im 19. Jahrhundert wichtiger Friedensstaat erscheinen
dadurch in veränderten europäisch-internationalen, nationalen
und einzelstaatlichen Bezugssystemen. Nur ein multiperspekti-
vischer Forschungsansatz und die Einbindung des Deutschen
Bundes in die europäische Transformationszeit lassen diese lange vergessene Form deutscher Staatlichkeit in einem historisch
angemessenen Licht erscheinen.

10. Quellen- und Literaturauswahl

10.1. Ungedruckte und gedruckte Quellen, zeitgenössische Publikationen

Archive: Für Forschungen zum Deutschen Bund sind neben dem Archiv des Deutschen Bundes in Frankfurt a. M. (Bundesarchiv) ab Januar 2012 Berlin-Lichterfelde, die Archive der Großmächte (Wien, Berlin, London, Paris, Moskau), der großen Mittelstaaten (München, Stuttgart, Dresden, Karlsruhe, Hannover, Darmstadt) sowie aller Mindermächtigen heranzuziehen. Hinzu kommen die Archive in Kopenhagen, Den Haag und Luxemburg sowie Privatnachlässe.

Zeitgenössische Schriften:

[Anonymus], *Betrachtungen ueber die Wiederherstellung des politischen Gleichgewichtes von Europa*. Leipzig 1814.

[Anonymus – i. e. Leopold Engelke Hartmut von *Plessen*], *Grundzüge zu einem zukünftigen teutschen Gesammtwesen und einer National-Einheit*. Wien Anfang 1815.

[Anonymus], *Ueber die Souveränität der deutschen Bundesstaaten*. September 1816.

[Anonymus], *Porträt von Europa*. Leipzig 1831.

[Anonymus], *Blick auf die Lage von Europa*. Heidelberg 1840.

[Anonymus, *A. B.*], *Die deutsche Frage von A. B.* Hamburg 1859.

[Anonymus], *Die Zukunftskarte Europa's im Jahre 1860*. Nach den Beschlüssen der Pariser Konferenz. Stuttgart 1860.

[Anonymus, i. e. Onno Klopp], *Die deutsche Nation und der rechte deutsche Kaiser*. Freiburg i. Br. 1862.

Arndt, Ernst Moritz, *Der deutsche Bund wider das deutsche Reich*. 1815.

Ders., *Geist der Zeit*. Theil 1–4. Berlin 1806, 1813, 1818.

Brockhaus, F. A., *Allgemeine deutsche Real-Encyklopädie für die gebildeten Stände* (Conversations-Lexikon). 12 Bde. Leipzig ⁷1827, Bd. VII («Nation» 692–695) und VII («Deutscher Bund» 139–144).

Brockhaus, F. A., *Conversationslexikon der neuesten Zeit und Literatur*. 4 Bde. Leipzig 1834, Bd. IV: Zollverein preußisch-deutscher, S. 1247–1270.

Deutscher Nationalverein (Hg.), *Flugblätter des Deutschen Nationalvereins*. Gotha 1860, Coburg 1861.

Bundes-Präsidial-Druckerei (Hg.), *Die Kriegsverfassung des Deutschen Bundes nach den Bundesbeschlüssen der Jahre 1821 und 1822*. Mit Hinzufügung der dieselbe betreffenden späteren Bundesbeschlüsse bis zum Juli 1853. Frankfurt a. M. 1853.

Bundes-Druckerei (Hg.), *Die revidirten Abschnitte der Kriegsverfassung des Deutschen Bundes, mit Hinzufügung ergänzender Nachträge bis zu dem am 8. März 1862 erfolgten Bundesbeschlusse*. Anhang zu den revidirten Abschnitten der BundesKriegsverfassung enthaltend die betreffenden, die bis zur Musterung 1863 erfolgten Bundesbeschlüsse. Frankfurt a. M. 1863.

Gentz, Friedrich, *Fragmente aus der neuesten Geschichte des Politischen Gleichgewichts in Europa*. St. Petersburg 1806 (Nachdruck: Friedrich Gentz, *Gesammelte Schriften*, hrsg. v. Günter Kronenbitter, Bd. IV. Hildesheim 1997, I–LIV, 1–274).

Ders., *Ueber den Unterschied zwischen den landständischen und Repräsentativ-Verfassungen*. Wien 1818.

Heeren, Arnold Ludwig Hermann, *Der Deutsche Bund in seinen Verhältnissen zu dem Europäischen Staatensystem*. Bey Eröffnung des Bundestags dargestellt. Göttingen 1816.

Ders., *Historische Werke*. 15 Bde. Göttingen 1821–1826.

Klüber, Johann Ludwig (Hg.), *Acten des Wiener Congresses 1814 und 1815*. 9 Bde. Erlangen 1815–1819 (Nachdruck: Osnabrück 1966).

Menzel, Wolfgang, *Der deutsche Krieg im Jahr 1866*. 2 Bde. Stuttgart 1867.

Treitschke, Heinrich von, *Der Krieg und die Bundesreform*. Berlin (Mai) 1866.

Wirth, J[ohann].G[eorg].A[ugust]., *Das Nationalfest der Deutschen in Hambach*. Neustadt a. H. 1832.

Gedruckte Quellen (* Quellensammlungen und Studien mit weiterführender Literatur zum Deutschen Bund):

Baumgart, Winfried (Hg.), *Akten zur Geschichte des Krimkrieges*. 12 Bde. München 1979–2006.

Huber, Ernst Rudolf (Hg.), *Dokumente zur deutschen Verfassungsgeschichte*. Bd. 1: Deutsche Verfassungsdokumente 1803–1850, Bd. 2: Deutsche Verfassungsdokumente 1851–1918. Stuttgart ³1978, ²1964.

Hundt, Michael (Hg.), *Quellen zur kleinstaatlichen Verfassungspolitik auf dem Wiener Kongress*. Die mindermächtigen deutschen Staaten und die Entstehung des Deutschen Bundes 1813–1815. Hamburg 1996.*

Müller, Jürgen (Bearb.), *Quellen zur Geschichte des Deutschen Bundes III*: 1850–1866, Bd. 1: Die Dresdener Konferenzen und die Wiederherstellung des Deutschen Bundes 1850/51. Bd. 2: Der Deutsche Bund zwischen Reaktion und Reform 1851–1858. Bd. 3: Der Deutsche Bund in der nationalen Herausforderung 1859–1862 München 1996*, 1998*, 2012*.

Meyer, Philipp Anton Guido von, *Corpus Juris Confoederationis Germanicae oder Staatsakten für Geschichte und Öffentliches Recht des Deutschen Bundes*, fortgeführt von Heinrich Zöpfel. 3 Bde. Frankfurt a. M. 1858–1865 (Nachdruck: Aalen 1972).*

Rothfels, Hans (Hg.), *Bismarck. Briefe.* Göttingen 1955 (Diplomatenjahre am Bundestag 148–238, 149–152, 187–189).

Treichel, Eckart (Bearb.), *Quellen zur Geschichte des Deutschen Bundes I:* 1814–1830, Bd. 1: Die Entstehung des Deutschen Bundes 1813–1815. München 2000.*

Zerback, Ralf (Bearb.), *Quellen zur Geschichte des Deutschen Bundes II:* 1830–1848, Bd. 1: Reformpläne und Repressionspolitik 1830–1834. München 2003.*

10.2. Monographien, Sammelbände, wichtige Aufsätze

Anderson, Benedict, *Die Erfindung der Nation.* Frankfurt a. M. New York 1988.

Angelow, Jürgen, *Der Deutsche Bund.* Darmstadt 2003.*

Aretin, Karl Otmar Frhr. von, *Das Alte Reich 1648–1806.* 3 Bde. Stuttgart 1993–1997.

Austensen, Roy A., Austria and the »Struggle for Supremacy in Germany«, 1848–1864 (= *Journal of Modern History* 52/2, 1980, 195–223).*

Ders., Metternich, Austria and the German Question 1848–1851 (= *The International History Review* XIII/1991, 21–37).*

Baumgart, Wilfried, *Europäisches Konzert und Nationale Bewegung:* Internationale Beziehungen 1830–1878. Paderborn 1999.

Becker-Schaum, Christoph, *Arnold Herrmann Ludwig Heeren* (1760–1842) (= Heinz Duchhardt / Malgorzata Morawiec / Wolfgang Schmale / Winfried Schulze (Hgg.), Europa-Historiker, Bd. 3. Göttingen 2007, 63–88).

Billinger, Robert D., *Metternich and the German Question.* States' Rights and Federal Duties 1820–1834. London Toronto 1991.*

Boldt, Hans, *Deutsche Staatslehre im Vormärz.* Düsseldorf 1975.

Boogman, Johannes C., *Nederland en de Duitse Bond 1815–1851.* 2 Bde. Groningen 1955.*

Brandt, Harm-Hinrich, *Deutsche Geschichte 1850–1870.* Entscheidung über die Nation. Stuttgart 1999.*

Bryce, James Viscount, *The Holy Roman Empire.* London ⁶1922 (1866).

Burg, Peter, *Die deutsche Trias in Idee und Wirklichkeit.* Vom Alten Reich zum Deutschen Zollverein. Stuttgart 1989.*

Dann, Otto / Hroch, Miroslav / Koll, Johannes (Hgg.), *Patriotismus und Nationsbildung am Ende des Heiligen Römischen Reiches.* Köln 2004.

Dawson, William Harbutt, *Germany and the Germans.* 2 Bde. London 1894.

Deuerlein, Ernst, *Föderalismus.* München Bonn 1972.*

Dowe, Dieter / Haupt, Heinz-Gerhard / Langewiesche, Dieter (Hgg.), *Europa 1848:* Revolution und Reform. Frankfurt a. M. Bonn 1998.*

Duchhardt, Heinz / Kunz, Andreas (Hgg.), *Reich oder Nation?* Mitteleuropa 1780–1815. Mainz 1998.

Ders., *Karl Freiherr vom Stein*. Münster 2007.

Dupuis, Charles, *La Confédération germanique et la S. D.N.* Paris 1931.

Echternkamp, Jörg, *Der Aufstieg des deutschen Nationalismus (1770–1840)*. Frankfurt a. M. New York 1998.*

Fahrmeir, Andreas, *Revolutionen und Reformen*. Europa 1789–1850. München 2010.*

Fehrenbach, Elisabeth, *Vom Ancien Régime zum Wiener Kongress*. München ⁵2008.*

Flockerzie, Lawrence J., State-Building and Nation-Building in the »Third Germany”: Saxony after the Congress of Vienna (= *Central European History* 24/1991, 268–292).*

Flöter, Jonas / Wartenberg, Günter (Hgg.), *Die Dresdener Konferenzen 1850/51*. Föderalisierung des Deutschen Bundes versus Machtinteressen der Einzelstaaten. Leipzig 2002.*

Ders., *Beust und die Reform des Deutschen Bundes 1850–1866*. Sächsisch-mittelstaatliche Koalitionspolitik im Kontext der deutschen Frage. Köln Weimar Wien 2001.*

Glaser, Hubert, *Zwischen Großmächten und Mittelstaaten*. Über einige Konstanten der deutschen Politik Bayerns in der Ära von der Pfordten (= Lutz/ Rumpler, *Österreich und die deutsche Frage*, 140–188).

Griewank, Karl, *Der Wiener Kongreß*. Leipzig 1942 (*Der Wiener Kongreß und die europäische Restauration*. Leipzig ²1954).

Grimm, Dieter, *Deutsche Verfassungsgeschichte 1776–1866*. Frankfurt a. M. 1988.

Ders., *Souveränität*. Herkunft und Zukunft eines Schlüsselbegriffs. Berlin 2009.

Gruner, Wolf D., Die Würzburger Konferenzen der Mittelstaaten in den Jahren 1859–1861 und die Bestrebungen zur Reform des Deutschen Bundes (= *Zeitschrift für Bayerische Landesgeschichte* 36/1973, 181–253).*

Ders., Die belgisch-luxemburgische Frage im Spannungsfeld europäischer Politik 1830–1839. Überlegungen zu den politischen, wirtschaftlichen sozialen und ideologischen Bestimmungsfaktoren der Interessen des Deutschen Bundes, Großbritanniens und Frankreichs (= *Francia* 5/1977, 299–398).*

Ders., *Großbritannien, der Deutsche Bund und die Struktur des europäischen Friedens im frühen 19. Jahrhundert*. 2 Bde. München 1979.*

Ders., Die deutsche Politik Ludwigs I. (= *Zeitschrift für Bayerische Landesgeschichte* 49/1986, 449–507).*

Ders., *Der Deutsche Bund und die europäische Friedensordnung* (= Rumpler, *Deutscher Bund und deutsche Frage 1815–1866*, 235–263).

Ders., Der Deutsche Bund, die deutschen Verfassungsstaaten und die Rheinkrise von 1840. Überlegungen zur deutschen Dimension einer europäischen Krise (= *Zeitschrift für Bayerische Landesgeschichte* 53/1990, 51–78).*

Ders., *Deutschland mitten in Europa*. Hamburg 1992.**

Ders., *Europa in der Krise von 1830/31:* Entscheidungsprozesse zwischen Systemstabilisierung und Eigeninteressen (= Ders. / Markus Völkel (Hgg.), *Region – Territorium – Nationalstaat – Europa.* Beiträge zu einer europäischen Geschichtslandschaft. Rostock 1998, 199–244).*

Ders., *Welches Deutschland soll es sein?* Bayerns Weg von Frankfurt nach Frankfurt 1848–1850 (= Mai, *Die Erfurter Union,* 165–198).

Ders., *Die europäischen Mächte und die deutsche Frage 1848–1850* (= Mai, Die Erfurter Union, 271–305).

Ders., *Ernst Moritz Arndt* – die nationale Frage der Deutschen und ihre Instrumentalisierung für die historische Legitimierung des preußisch-kleindeutschen Kaiserreiches (= Walter Erhart / Arne Koch (Hgg.), *Ernst Moritz Arndt (1769–1860).* Tübingen 2007, 31–63).

Ders., *Deutschland in Europa 1750–2007.* Vom deutschen Mitteleuropa zum europäischen Deutschland. Klausenburg Cluj-Napoca 2009.*

Ders., Die Habsburger Monarchie in Europa 1789–1860 – Großmacht und multinationale Gemeinschaft auf Abruf? (= *Studia Germanica Napocensia* 1/2009, 35–124).*

Hahn, Hans-Werner, *Die Industrielle Revolution in Deutschland.* München 1998.*

Ders. / Berding, Helmut, Reformen, Restauration und Revolution 1806–1848/49 (=Gebhardt, *Handbuch der deutschen Geschichte Bd. 14).* Stuttgart [10]2010.*

Hegewisch, Niels, *Monarchisches Prinzip* (= *Lexikon zu Restauration und Vormärz.* Deutsche Geschichte 1815 bis 1848, hrsg. v. Andreas C. Hofmann.   URL: http://www.historicum.net/no_cache/persistent/artikel/8446 (21.4.2011).

Holborn, Hajo, *Deutsche Geschichte in der Neuzeit.* 3 Bde., Bd. 2: Reform und Restauration, Liberalismus und Nationalismus 1790–1871. Frankfurt a. M. 1981.

Ders., *Germany and Europe:* Historical Essays. New York 1970.

Huber, Ernst Rudolf, *Deutsche Verfassungsgeschichte seit 1789,* Bd. 1: Reform und Restauration 1789 bis 1830. Stuttgart [2]1967;* Bd. 2: Der Kampf um Einheit und Freiheit 1830 bis 1850. Stuttgart [2]1975;* Bd. 3: Bismarck und das Reich. Stuttgart [2]1970.

Hundt, Michael, *Die mindermächtigen deutschen Staaten auf dem Wiener Kongreß.* Mainz 1995.*

Krahe, Enno E., The United Nations in the Light of the Experience of the German Confederation 1815–1866 (= *South Atlantic Quarterly* 49/1950, 138–140).

Ders., Austria and the Problem of Reform in the German Confederation, 1851–1863 (= *American Historical Review* LVI/2, 1951, 276–294).

Ders., Practical Politics in the German Confederation: Bismarck and the Commercial Code (= *Journal of Modern History* XXV/1, 1953, 13–24).

Ders., *Metternich's German Policy*, Bd. 1: The Contest with Napoleon 1799–1814, Bd. 2: *The Congress of Vienna 1814/15*. Princeton 1963–1983.*

Lang, Reginald, The Germanic Confederation and a European Confederation today (= *South Atlantic Quarterly* 45/1946, 434–442).

Langewiesche, Dieter / Schmidt, Georg (Hg.), *Föderative Nation*. Deutschlandkonzepte von der Reformation bis zum Ersten Weltkrieg. München / Wien 2000.*

Lee, Loyd E., *The Politics of Harmony*. Civil Service, Liberalism and Social Reform in Baden 1800–1850. Toronto 1980.

Lutz, Heinrich, *Zwischen Habsburg und Preußen*. Deutschland 1815–1866. Berlin 1998 (1985).

Ders. / Rumpler, Helmut (Hgg.), *Österreich und die deutsche Frage im 19. und 20. Jahrhundert*. Wien 1982.*

Mager, Wolfgang, Das Problem der landständischen Verfassungen auf dem Wiener Kongreß 1814/15 (= *Historische Zeitschrift* 213/1973, 296–346).

Mai, Gunther (Hg.), *Die Erfurter Union und das Erfurter Unionsparlament 1850*. Köln / Weimar / Wien 2000.*

Müller, Jürgen, *Deutscher Bund und deutsche Nation 1848–1866*. Göttingen 2005.*

Ders., *Der Deutsche Bund 1815–1866*. München 2006.*

Nipperdey, Thomas, *Deutsche Geschichte 1800–1866*. Bürgerwelt und starker Staat. München 1983.

Osterhammel, Jürgen, *Die Verwandlung der Welt*. München ⁵2010 (2009).

Poidevin, Raymond / Sieburg, Heinz-Otto (Hgg.), *Aspects des relations franco-allemandes 1830–1848*. Metz 1978.*

Dies. (Hgg.), *Aspects des relations franco-allemandes à l'époque du Second Empire 1851–1866 – Deutsch-französische Beziehungen im Zeitalter des Second Empire 1851–1866*. Metz 1982.*

Pyta, Wolfram (Hg.), *Das europäische Mächtekonzert*. Friedens- und Sicherheitspolitik vom Wiener Kongreß 1815 bis zum Krimkrieg 1853. Köln / Weimar / Wien 2009.*

Rumpler, Helmut (Hg.), *Deutscher Bund und deutsche Frage*. München Wien 1990.*

Ders., *Österreichische Geschichte 1804–1914*. Eine Chance für Mitteleuropa. Wien 1997.*

Savoy, Bénédicte (Kuratiert), *Napoleon und Europa*. Traum und Trauma. München Berlin London New York 2010.

Schroeder, Paul W., *The Transformation of European Politics 1763–1848*. Oxford 1994.

Schulz, Matthias, *Normen und Praxis*. Das europäische Konzert der Großmächte als Sicherheitsrat 1815–1860. München 2009.*

Seier, Hellmut, Kurhessen und die Anfänge des Deutschen Bundes 1816–1823 (= *Hessisches Jahrbuch für Landesgeschichte* 29/1979, 98–161).*

Ders., Zur Entstehung und Bedeutung der kurhessischen Verfassung von 1831 (= Walter Heinemeyer (Hg.), *Der Verfassungsstaat als Bürge des Rechtsfriedens*. Reden im hessischen Landtag zur 150-Jahrfeier der kurhessischen Verfassung. Marburg 1982, 5–71).

Semper, Mechthild, *Deutscher Bund und Völkerbund als Organisationen zur Friedenssicherung*. Göttingen 1936.

Sheehan, James J., What is German History? Reflections on the Role of the Nation in German History and Historiography (= *Journal of Modern History* 53 (H. 1) /1981, 1–23).

Ders., *German History 1770–1866*. Oxford 1989 (dt.: *Der Ausklang des Alten Reiches*. Deutschland seit dem Ende des Siebenjährigen Krieges bis zur gescheiterten Revolution, 1763–1850. Berlin 1994).

Siemann, Wolfram, *Metternich*. Staatsmann zwischen Restauration und Moderne. München 2010.

Spencer, Robert, Thoughts on the German Confederation 1815–1866 (= *Canadian Historical Association Report* 1962 with Historical Papers, 68–81).*

Sybel, Heinrich von, *Die Begründung des deutschen Reiches durch Wilhelm I.* 7 Bde. Leipzig 1889–1894.

Tilly, Richard H., *Vom Zollverein zum Industriestaat*. Die wirtschaftlich-soziale Entwicklung Deutschlands 1834 bis 1914. München 1990.

Treitschke, Heinrich von, *Deutsche Geschichte im Neunzehnten Jahrhundert*. 5 Bde. Leipzig 1879–1894.

Umbach, Maiken (Hg.), *German Federalism – Past, Present, Future*. Basingstoke / New York 2002.

Weis, Eberhard, *Der Durchbruch des Bürgertums 1770–1847* (=Propyläen Geschichte Europas Bd. 4) Berlin 1982.

Werner, George S., *Bavaria and the German Confederation, 1820–1848*. Rutherford / London 1977.*

Winkler, Heinrich August, *Der lange Weg nach Westen*. Bd. 1: Deutsche Geschichte vom Ende des Alten Reiches bis zum Untergang der Weimarer Republik. München 72010.*

Wunder, Bernd, Landstände und Rechtsstaat. Entstehung und Verwirklichung des Art. 13 Deutsche Bundesakte (= *Zeitschrift für Historische Forschung* 5/1978, 139–185).

Ziegler, Dieter, *Die Industrielle Revolution*. Darmstadt 2005.

II. Personen- und Sachregister

DIE VERFASSUNGSORDNUNG DES DEUTSCHEN BUNDES (1815 – 1866)

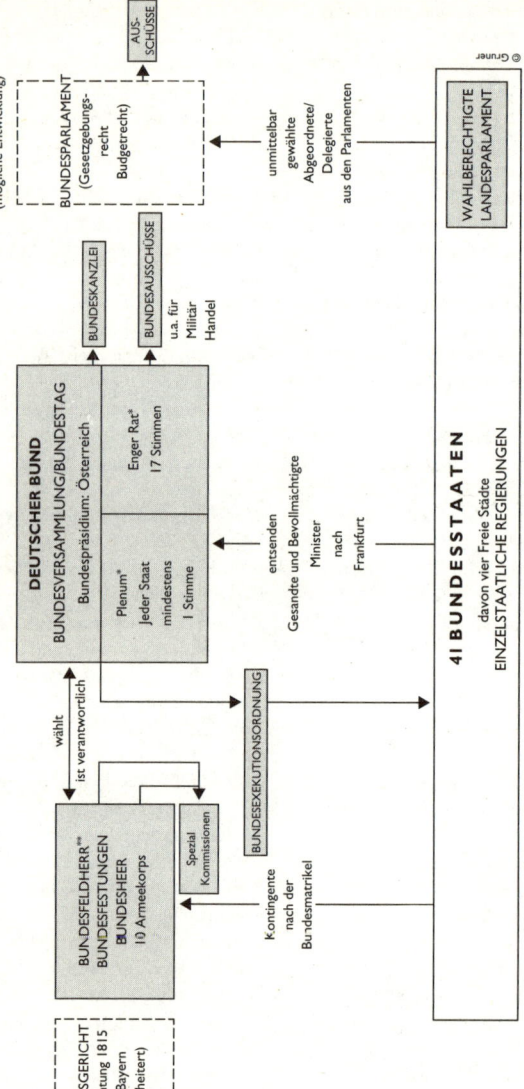

* Im *Plenum* hat jeder Staat mindestens 1 Stimme, größere Staaten bis 4 (Österreich, Preußen, Bayern). Änderung der Grundordnung nur mit 2/3 Mehrheit. Der *Engere Rat* ist der Normalfall. Entscheidet mit Mehrheit, kleinere Staaten zu einer Kuriatsstimme zusammengefasst (z. B. 4 Freie Städte oder Mecklenburg-Schwerin, Mecklenburg-Strelitz).

** Wahl des Bundesfeldherrn erst im Kriegsfall. Als Oberbefehlshaber des Bundesheeres ist er der Bundesversammlung verantwortlich